Walter Trucci - Stefano Benetti
Guido Galletti

BAPHOMET
(Best Asterisk PHOne METhod)
Guida completa all'installazione e configurazione di un centralino Asterisk

Guido Galletti Editore

Walter Trucci - Stefano Benetti
Guido Galletti

BAPHOMET

(Best Asterisk PHOne METhod)
Guida completa all'installazione e configurazione di un centralino Asterisk

Guido Galletti Editore

Come la nebbia,
che ghiacciando d'inverno imprigiona la gemma di un fiore,
ed il disgelo, che in seguito scioglie tutto al tepore del sole.
Tra le tante, una lacrima d'acqua cade al suolo senza fare rumore.
Tutto questo sei tu per me, mio irraggiungibile amore.
(Guido Galletti 1983)

Walter Trucci
Stefano Benetti
Guido Galletti

BAPHOMET

Guida completa all'installazione e configurazione di un centralino Asterisk

Baphomet è la traduzione greca di un nome che si scompone in due parole il BaFe (BAPhE-battesimo) e Metis (METIS-saggezza): Battesimo di Saggezza. Dopo aver letto questo libro ed appreso le tecniche trattate il lettore avrà intrapreso un cammino molto interessante nel meraviglioso mondo legato al VoIP e all'informatica, una sorta di battesimo templare...

Guido Galletti Editore

© Copyright 2013
Guido Galletti ed altri.
Via Roma,45
52036 Pieve Santo Stefano (Ar)
Tel. 05751783044
Fax:05751949334
Tutti i diritti sono riservati.
Email: ggalletti@yahoo.com
www.congegnielettronici.com
Tutti i contenuti sono di proprietà degli Autori.
E' consentita la riproduzione dei testi e dei disegni raccolti in questa opera citando la fonte e solo a seguito di richiesta scritta.

1^ Edizione Aprile 2013

ISBN 978-88-907758-2-6

Sommario

Introduzione

Capitolo 1

    Schema di progetto del centralino 13

    La scelta dell'hardware per Asterisk 14

    La scelta dell'hardware per l'interfaccia PSTN 17

    La scelta dell'hardware per l'interfaccia GSM 18

Capitolo 2

    Asterisk il centralino di Mark Spencer 21

    Installare Asterisk 21

    Installare i sorgenti 23

Capitolo 3

    Configurare Asterisk 31

    Vediamo in dettaglio le istruzioni 35

Capitolo 4

    Configurare i telefoni SNOM 47

Capitolo 5

    Configurazione base del gateway 2N VoiceBlue 53

Capitolo 6

    Configurazione del PATTON smartNode SN 4112 59

Introduzione

Scrivere l'introduzione ad un libro è sempre un compito un po arduo. Il lettore spesso passa dal leggere il titolo direttamente ai suoi contenuti saltando a piedi pari questa pagina. BAPHOMET racconta la sintesi di un progetto reale e funzionante che ho in produzione in molti contesti non ultimo casa mia. BAPHOMET racchiude una serie di informazioni che il lettore può cogliere e mettere in pratica molto semplicemente. Scrivo manuali tecnici ed ho la presunzione di pensare che a qualcuno serviranno...

Il libro è stato concepito come un aiuto a risolvere questioni che su Internet non è facile trovare. Sostanzialmente leggendo passo passo queste pagine le possibilità di successo sono assicurate. Occorre però avere delle basi di conoscenza delle tecniche VoIP e di come si usa una Linux Box. Tutte le persone con cui ho avuto a che fare per lavoro o per hobby mi hanno sempre insegnato qualcosa, quindi queste pagine servono a ringraziare queste persone. Divulgare le mie esperienze informatiche ed elettroniche, come amo dire per amor del vero, serve soprattutto a me. Sono costretto a fare così per non dimenticarmi le cose che faccio. Potendo andare a rileggere le mie esperienze non rischio di trovarmi in difficoltà se mi occorre utilizzarle a distanza di tempo. Consiglio questa pratica a chiunque. Quello che descrivo in queste pagine è frutto della collaborazione che ho avuto con due che ritengo tra i massimi esperti a livello italiano su Asterisk e su PATTON. Ci saranno sicuramente molte altre persone che si occupano di queste tecniche ad alto livello, soprattutto su Asterisk, in ogni caso Walter Trucci e Stefano Benetti sono sicuramente due GURU. Li conobbi nel l'ormai lontano 2008 quando, a seguito della necessità di installare un centralino VoIP, risposero al bando di gara che fu indetto per l'occasione e presentarono la miglior soluzione che poi adottammo. Le loro scelte tecniche mi piacquero sin dall'inizio, senza considerare con che facilità risolvevano le varie problematiche che trovarono via via sulla loro strada e questo senza aver prima potuto studiarsi a fondo la situazione effettiva. Ricordo che per non dare disservizio decidemmo di effettuare il lavoro di sostituzione del centralino e dei relativi telefoni ed interfacce tra un sabato e la domenica riuscendo per il lunedì mattina a ripartire senza intoppi tant'è, che i 50 utilizzatori si ritrovarono come unico ostacolo "solo" dei telefoni nuovi con cui dover prendere pratica. Tutto questo senza che nessuno si accorgesse di nulla di quanto era stato fatto. In altri posti avrebbero tenuto la telefonia ferma per almeno una settimana. Tutto questo mi fece capire che avevo davanti a me due professionisti molto seri e preparati. Ricordo ancora come era incasinata la mia realtà di telefonia con una sede centrale e due distaccamenti esterni, soprattutto per il fatto che Telecom Italia essendo stata sino a quel momento unico attore aveva escogitato delle soluzioni lato centrale telefonica per connettere tutti i telefoni tra se e con il mondo esterno che "i nostri" hanno dovuto ricreare lato utente. Non finirò mai di ringraziarli. Ciliegina sulla torta mi proposero di virtualizzare il centralino in ambiente VMware ESXi e per il 2008 era fare innovazione credetemi. Infatti fummo il primo Ente pubblico in Toscana connesso al TIX ad adottare un centralino Voip su piattaforma open source e per di più virtualizzata. Oggi la virtualizzazione è una pratica normale e chiunque può scaricare per esempio PROXMOX ed accedere al meraviglioso mondo dei server virtualizzati senza grosse cifre da pagare e soprattutto con hardware comune e non delle più blasonate case americane. Chi non ha mai sentito parlare di PROXMOX si faccia una "googlata" su Internet.

Installare un centralino non è molto complicato in se stesso, il complicato se mai è la sua configurazione, l'interfacciamento con il mondo esterno e la connessione con le linee telefoniche italiane analogiche (PSTN) o digitali (ISDN) o le VoIP dei vari carrier. Configurare in modo corretto le interfacce tra il centralino ed il mondo esterno è una tecnica abbastanza complessa che richiede skill. In questo manuale, unico nel suo genere in lingua italiana, si descrive come configurare un centralino con un semplice IVR e 3 interni, come configurare un PATTON e come configurare un gateway GSM della 2N. Ho deciso di mettere in rete queste informazioni per aiutare chi voglia inventarsi un lavoro, un lavoro da fare senza molto investimento e soprattutto da fare in giacca e cravatta decidendo orari e clienti. Meditate giovani lettori, meditate e ricordatevi che l'utilizzo della piattaforma Asterisk è limitato esclusivamente dalla fantasia...

Buona lettura.

Guido Galletti

Capitolo 1

Lo schema del nostro progetto :

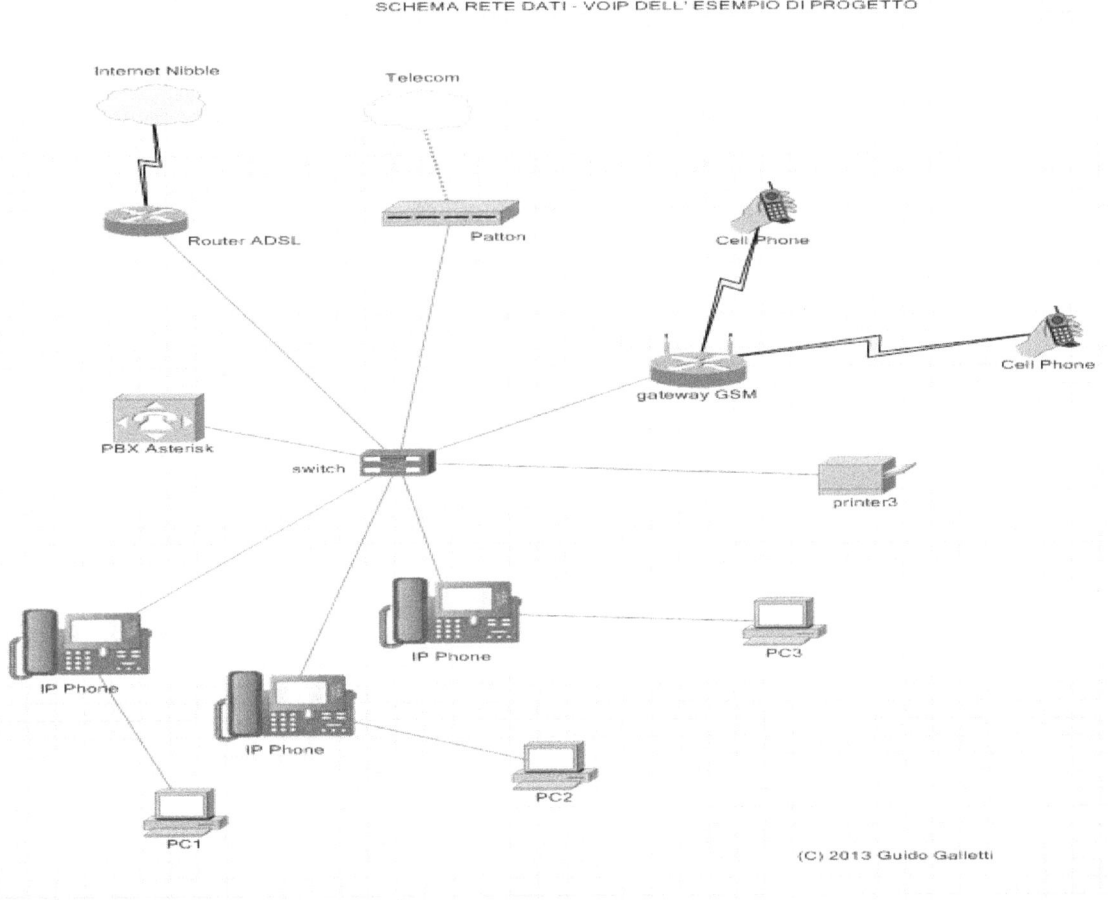

Descriverò nei vari capitoli come realizzare un impianto telefonico VoIP da integrare con la rete dati esistente. Il sistema dovrà avere una o più linee VoIP, una o due linee PSTN e una o due linee GSM per un tolale oscillante ta 4 e 6 trunk. Ovviamente per avere due numerazioni VoIP la vostra ADSL deve essere buona in caso contrario con due chiamate concorrenti si perde la performance. Con questa configurazione possiamo veramente scegliere quanto spendere per telefonare. Il centralino sarà implementato su scheda madre ALIX, il gateway GSM sarà un 2N, il gateway PSTN sarà PATTON i telefoni sarano SNOM 300. Consiglio di utilizzare uno switch da almeno 1GB con POE. Tutto il resto come potete vedere rimane invariato, sfrutteremo le terminazioni dati dei pc per passare la voce, in alternativa potremmo isolare le due modalità interponendo una VLAN o quello che meglio credete; non dimenticate di mettere un FIREWALL che qui non ho rappresentato ma che io in realtà ho nella CPE che mi collega al mio WISP Nibble Networking.

La scelta dell'hardware per il centralino - La M.B. ALIX

Inizialmente volevo installare Asterisk su un pc semi vetusto, un qualcosa che chiunque di noi smanettoni ha disponibile, magari uno di quei computer che non usiamo più però che non riusciamo a disfarcene per stupida affezione. Un computer a cui dare una seconda possibilità, dopo un ricondizionamento che comincia con una passata al compressore per togliere la lana, e finisce con l'upgrade della ram... Un ferro con almeno 512 MB di ram ed un misero disco da 20GB. Se andate in una qualunque discarica lo trovate sicuro. Già con queste caratteristiche il nostro centralino riesce a funzionare più che bene. Bastano veramente poche centinaia di MB di ram per far girare una Debian 6 con sopra l'ultima versione di Asterisk. Poi però ho cambiato idea su consiglio di Stefano. "Prenditi su una ALIX, ci installi sopra "voyage-one" e sei a posto" mi disse una sera a cena. Dopo aver googlato su Internet ed essere approdato al sito che illustro sotto non ho fatto altro che scaricarmi le istruzioni ed i sorgenti. Ecco il sito:

http://linux.voyage.hk/

Purtroppo al momento che sto scrivendo queste pagine ho appreso che la versione "voyage-one" è stata messa in pensione probabilmente per il poco interesse che ha suscitato, in ogni caso sul sito gli autori hanno gentilmente lasciato l'ultima che è la rel 0.85 come mostra la figura sotto:

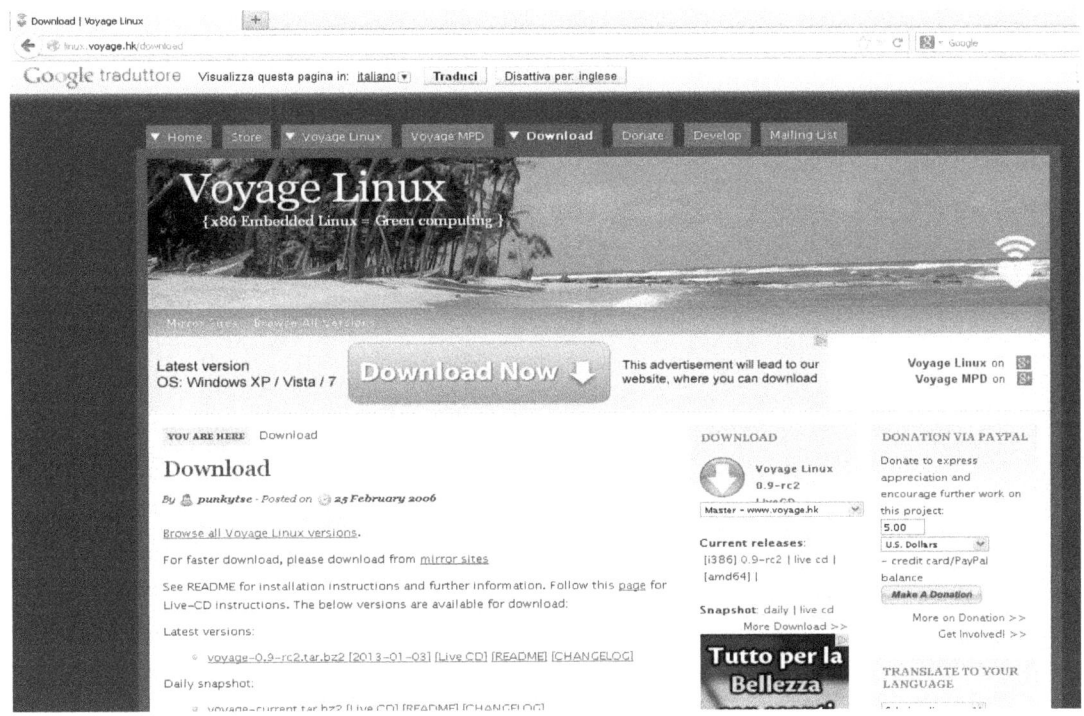

Questo semplifica molto il lavoro perchè Asterisk risulterà già installato!

Il nostro contralino doveva avere delle caratteristiche ben definite, soprattutto di affidabilità. La scelta non poteva cadere quindi su un hardware di tipo tradizionale, in caso di interruzione dell'energia elettrica saremmo stati costretti ad un riavvio manuale se l'eventuale UPS, che comunque consiglio di interporre, non ce l'avessse fatta a terner su la tensione. Ecco allora che su consiglio dei miei GURU mi sono fatto arrivare a casa una scheda madre ALIX con queste caratteristiche:

- CPU: 433 or 500 MHz AMD Geode LX
- DRAM: 256 MB SDRAM on board
- Storage: CompactFlash socket, 44 pin IDE
- Power: 12V DC, DC-DC converter on board. No bulky ATX PSU needed.
- Expansion: miniPCI + 3.3V PCI + LPC + optional I2C
- Connectivity: 1 Ethernet channel (Via VT6105M 10/100)
- I/O: 2 COM, 4 USB, 1 LPT, audio, VGA
- Board size: 6.7 x 6.7" (miniITX), low profile.
- Firmware: Award BIOS

con una CF (compact flash) da 4GB come storage.

Ecco nella foto sopra la MB priva della CF:

La scheda Alix utilizzata nel progetto (priva della CF)

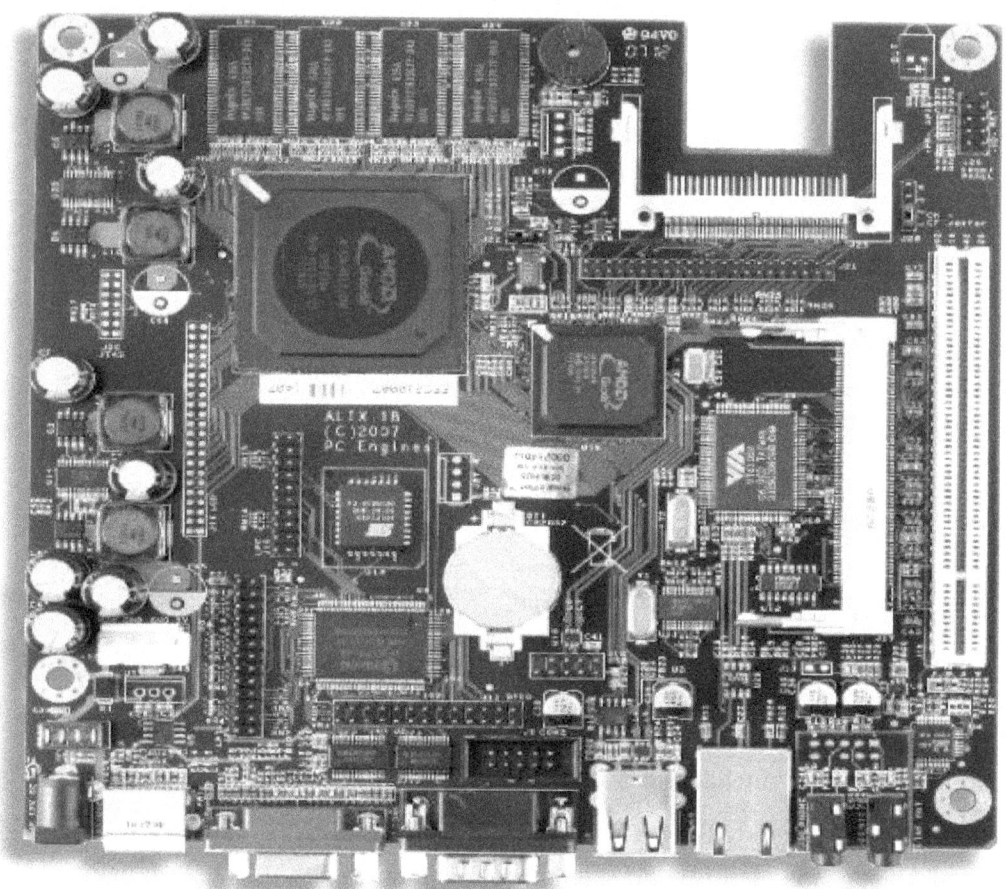

La scelta dell'hardware per l'interfacciamento con le linee PSTN:

Per parlare di questo meraviglioso oggetto ci vorrebbero pagine e pagine e non bastano certo le indicazioni che vi darò. Nel nostro progetto parleremo del modello SN 4112 JOEU device della serie

SmartNode che ha 2 porte FXO cioè idonee per essere connesse con altrettante linee analogiche. Più avanti vedremo come configurarlo. Questa interfaccia ci permetteà di far dialogare Asterisk con le nostre linee analogiche PSTN eventualmente disponibili. Ci sono in commercio altri tipi di interfacce, sicuramente più economiche ma che non danno certo ne affidabilità ne libertà di configurazione come la serie SmartNode di PATTON di cui il modello SN 4112 JOE ne è parte. Sostanzialmente è una macchina Linux con sopra un ambiente proprietario che può essere raggiunto sia da riga di comando attraverso una comune sessione di PUTTY o attraverso la sua interfaccia web. Tutta la logica che ruota intorno a questo "accessorio" si può sintetizzare con la definizione dei tre contesti di cui è sostanzialmente composto:

- CONTEXT IP ROUTER
- CONTEXT SIP GATEWAY
- CONTEXT CS SWITCH

Nel capitolo 6 analizzeremo più in dettaglio i concetti appena esposti.

La scelta dell'hardware per l'interfacciamento con le linee GSM:

In questo paragrafo vedremo come installare e configurare correttamente un gateway GSM per farlo dialogare con il nostro centralino Asterisk. L'uso di questo "accessorio" si rende necessario quando il traffico telefonico è concentrato in modo massivo verso utenze mobili. Al momento della stesura di questo manuale esistono numerosi profili tariffari che possono consentire di effettuare chiamate a costi veramente convenienti. Utilizzando il 2N ® VoiceBlue Next che è un dispositivo che consente una interconnessione diretta tra un SIP device e la rete GSM anche se può essere utilizzato per il collegamento diretto con un apparecchio telefonico avremmo disponibili 2 linee telefoniche aggiuntive al nostro sistema telefonico. La modalità vocale, cioè chiamate in uscita e in entrata, è la funzione di base di questo gateway che a breve andremo a configurare.

Foto del 2N ® VoiceBlue Next

VoiceBlue è dotato di tutte le funzioni della modalità vocali e offre il massimo livello di personalizzazione dell'utente. Oltre al trasporto della voce, 2N ® VoiceBlue consente di inviare e ricevere messaggi di testo (SMS). Tutto questo senza apparecchiature supplementari (ad esempio un telefono esterno). È possibile utilizzare l'interfaccia web o comandi AT per tutte le impostazioni del gateway. I parametri programmabili sono impostati in modo tale che è possibile effettuare chiamate nel momento in cui si collega il sistema alla rete Ethernet, ovviamente dopo aver collegato un'antenna e inserito almeno una scheda SIM nello slot. Questi parametri possono essere combinati con il servizio 2N Mobility Extension (interno remoto GSM) per un massimo di 8 users.

Funzioni salienti del 2N ® VoiceBlue Next:

- *Dimensioni compatte*
- *Due / quattro GSM / UMTS channels2*
- *Sistema di installazione in rack opzione2*
- *Instradamento delle chiamate in entrata/uscita*
- *SMS invio / ricezione (web, interfacce AT)*
- *User-friendly con interfaccia web*
- *Power over Ethernet (PoE)*
- *Singola antenna per 1 o 2 moduli GSM*
- *Record di chiamate automatiche e statistiche dettagliate*
- *Supporto 2N Mobility Extension*
- *Supporto 2N ® SIM stella*
- *Possibilità di invio di SMS + ricezione tramite interfaccia web*
- *Rilevamento del tono*

Capitolo 2

ASTERISK il centralino Open Source di Mark Spencer:

Asterisk è un IP-PBX open source. La prima stesura di Asterisk fu realizzata da Mark Spencer, un ingegnere informatico statunitense che nel 2000 fondò una società per lo sviluppo di schede d'interfaccia. Asterisk è oggi un punto di riferimento nel settore degli IP-PBX. La completezza dei suoi contenuti, la sua affidabilità e le svariate possibilità d'integrazione con altri sistemi lo rendono la piattaforma ideale per un'infinità di applicazioni.

I vantaggi offerti da una soluzione basata su Asterisk sono molteplici e li scopriremo leggendo i vari capitoli di questo libro. Essendo un sistema completamente programmabile e personalizzabile, può adattarsi a qualsiasi richiesta: dalla creazione di un centralino per pochi interni, ad applicazioni in grado di gestire Call Center, sistemi automatici di pagamento, prenotazione via Telefono e molto altro.

Asterisk è un centralino interamente VoIP (Voice Over IP), in pratica deve convertire tutte le conversazioni audio e qualsiasi suono generato in traffico dati; per far ciò utilizza diversi codec. Ogni codec ha una qualità sonora differente e occupa una banda specifica. La tabella seguente illustra i vari tipi di codifica e la banda occupata:

Codec	BR	NBR
G.711	64	87.2
G.729	8	31.2
G.723.1	6.4	21.9
G.726	32	55.8
G.728	16	31.5
iLBC	15	27.7

BR = Bit Rate
NBR = Nominal Ethernet Bandwidth (one direction)

A seconda delle necessità è possibile utilizzare un codec differente. Il codec G.729 è stato evidenziato perché è studiato e ottimizzato per la voce: permette di avere un'ottima qualità pur consumando pochissima banda; per questo motivo è stato inserito nella stragrande maggioranza dei telefoni e nei softphone professionali. I codec vengono caricati dinamicamente dal sistema e risiedono nella directory:

/usr/lib/asterisk/modules

NOTE: Se ad esempio vorrete installare anche il codec g729 nel vostro sistema, dovrete aggiungere il codec nella directory e fare in modo che Asterisk lo carichi correttamente.

Installare Asterisk :

Se avrete installato sulla ALIX la rel. 0.85 di voyage non avreste bisogno di leggere questo paragrafo, in ogni caso qui spiegherò come installare Asterisk su un qualunque hardware con O.S. Linux Debian 6.0 o successivi. Partendo dai sorgenti avremo la certezza di compilarlo ed ottimizzarlo al meglio. Asterisk per funzionare (e per essere compilato correttamente) richiede la presenza di diversi software, le cosiddette dipendenze, già installate, pertanto prima di passare alla sua compilazione vera e propria, scusate il gioco di parole, è necessario installare i seguenti pacchetti:

- **apt-get update**
- **apt-get install gcc g++ cpp make libncurses5-dev linux-headers-$(uname -r)**
- **apt-get install apache2 libapache2-mod-php5 php5 mysql-server-5.0 libmysqlclient15-dev**
- **apt-get install php5-mysql libssl-dev libiksemel3 libiksemel-dev sox libxml2-dev**

Per fare tutto questo consiglio d'ora in avanti, di spostarsi dal server e raggiungenlo in SSH da uno qualsiasi dei vostri pc della vostra rete. Attenzione però, prima accertarsi che sia installato il client SSH sul nostro centralino altrimenti, non sarà raggiungibile da remoto. Nel caso occorre installare un apposito pacchetto software che consenta di lanciare una sessione SSH (il lettore deve sapere che cosa significhi questo termine altrimenti stoppi la lettura e vada a documentarsi).

Dal prompt dei comandi della nostra Debian, che diamo per scontato abbiate installato in versione testuale, (l'ambiente grafico non ci serve ed appesantisce solo il sistema), digitiamo dopo esserci loggati come root:

- **apt-get install ssh** (premendo successivamente invio...)

Inizierà il download in automatico e ad un certo punto per poter continuare ci verrà chiesto di digitare "S" ed un susseguente invio completerà l'intallazione. Appena sarà terminato il processo il cui tempo dipende sia dalla velocità della connessione Internet che da quella del processore del vostro hardware, il gioco è fatto, adesso potremo raggiungere il server da remoto. Se non ci ricordiamo il suo indirizzo IP ci basterà, sempre da utente root digitare il seguente comando:

ifconfig (e premere invio)

Ci verrà restituita una informazione come quella della figura sotto.

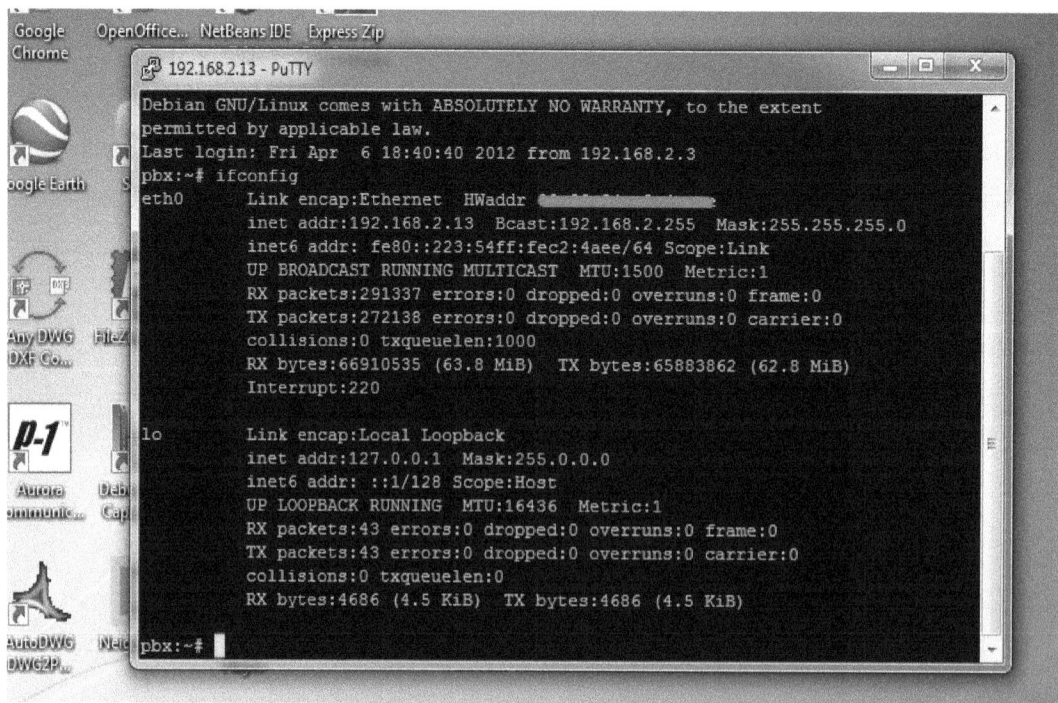

Dalla quale potremo leggere l'IP della nostra eth0 .

Installare dai sorgenti :

Ci spostiamo adesso su un pc collegato alla nostra rete, non importa se è Windox o Linux, nel primo caso scarichiamo da Internet il software "putty", (un eccellente "eseguibile" free che serve per collegarsi in remoto), altrimenti ci basterà aprire una sessione di terminale. Noi consideriamo di utilizzare PUTTY e digitiamo l'IP e, dopo essersi accertati che la spunta sia sulla porta 22 clicchiamo su OPEN. Vedi foto sotto.

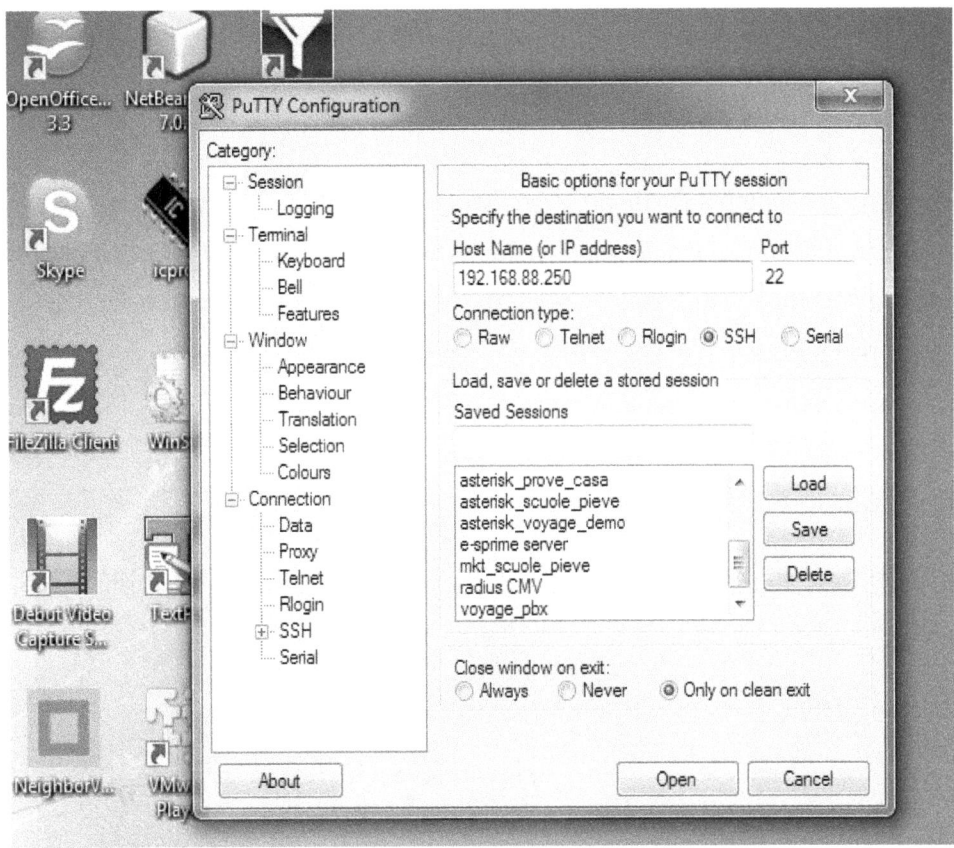

Dopo pochi istanti saremo collegati sulla nostra Debian in modalità riga di comando. Digitiamo le credenziali di root o in alternativa di user poi con il comando <su> prendiamo le funzioni di super user (root) e a questo punto ci spostiamo su una direttory di appoggio dove scaricheremo i sorgenti di Asterisk. Abbattiamo per un momento putty, (ho detto di abbatterlo non chiuderlo), poi apriamo il nostro navigatore preferito e digitiamo il seguente URL:

http://www.asterisk.org/downloads

Sarà necessario scaricare i sorgenti dal sito di Asterisk (Digium) per poterli poi scompattare e montare sulla nostra macchina. Vediamo come fare tutto ciò:

I sorgenti di Asterisk Linux, (i collegamenti che trovate qui si riferiscono alla versione di Asterisk presente nel momento della stesura di questo libro, sostituiteli pertanto con la versione più aggiornata) vanno copiati nella nostra Debian, nella directory di appoggio **/usr/src** .

Faremo tutto questo dopo aver premuto il tasto destro del mouse e salvato l'URL nellla memoria del pc
.
Ci spostiamo adesso sulla Debian, richiamando la finestra di PUTTY e digitando i seguenti comandi :

- **su** – *(comando per diventare super user nel caso non lo fossimo)*
- **cd /usr/src** – *(ci spostiamo sulla dirctory /src battiamo il tasto invio e digitiamo ...)*
- **ls -a** – *per accertarsi che la directory sia vuota, a questo punto digitiamo wget e clicchiamo sul tasto destro del mouse per copiare l'indirizzo preso dal sito di Asterisk ottenendo:*
- **wget** http://downloads.asterisk.org/pub/telephony/asterisk/releases/asterisk-1.8.11.0.tar.gz

adesso premendo il tasto invio osserveremo la seguente videata:

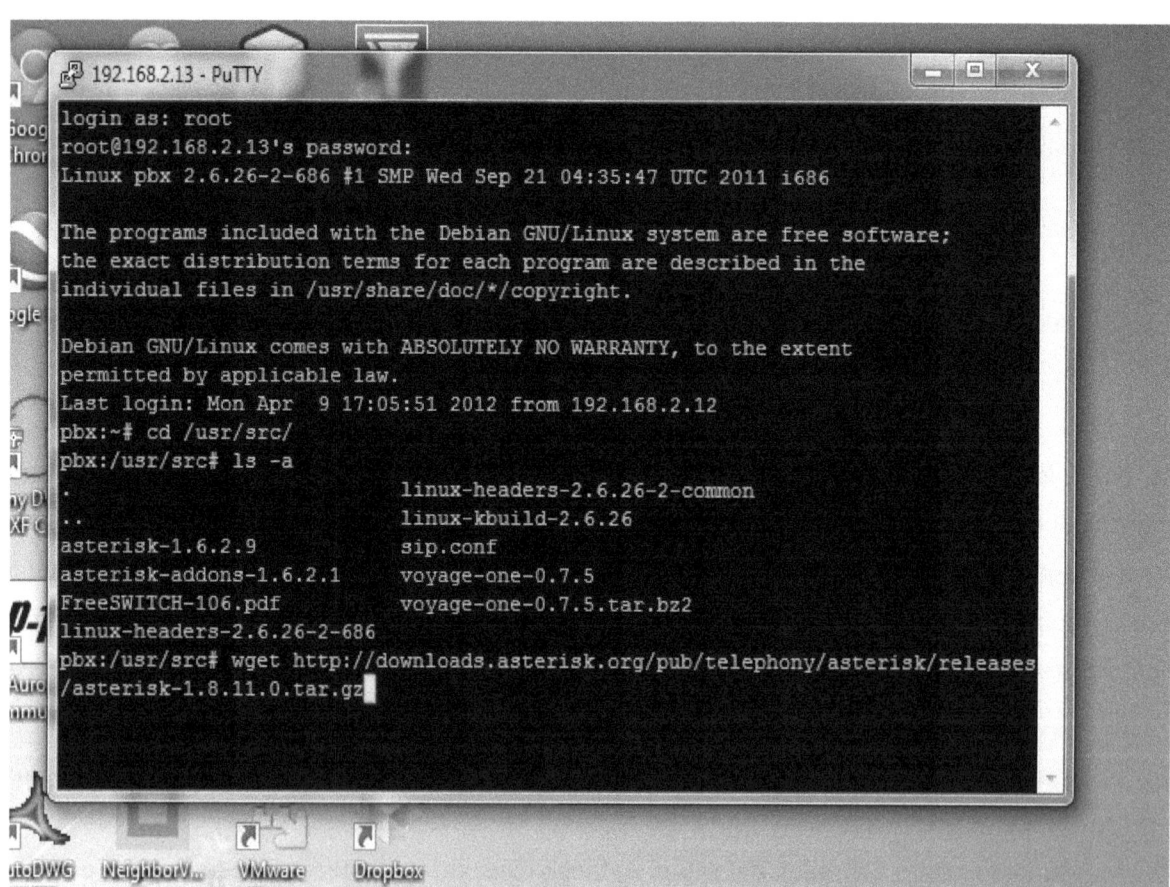

Un ulteriore pressione del tasto invio farà partire il download come si evince dall'immagine successiva.

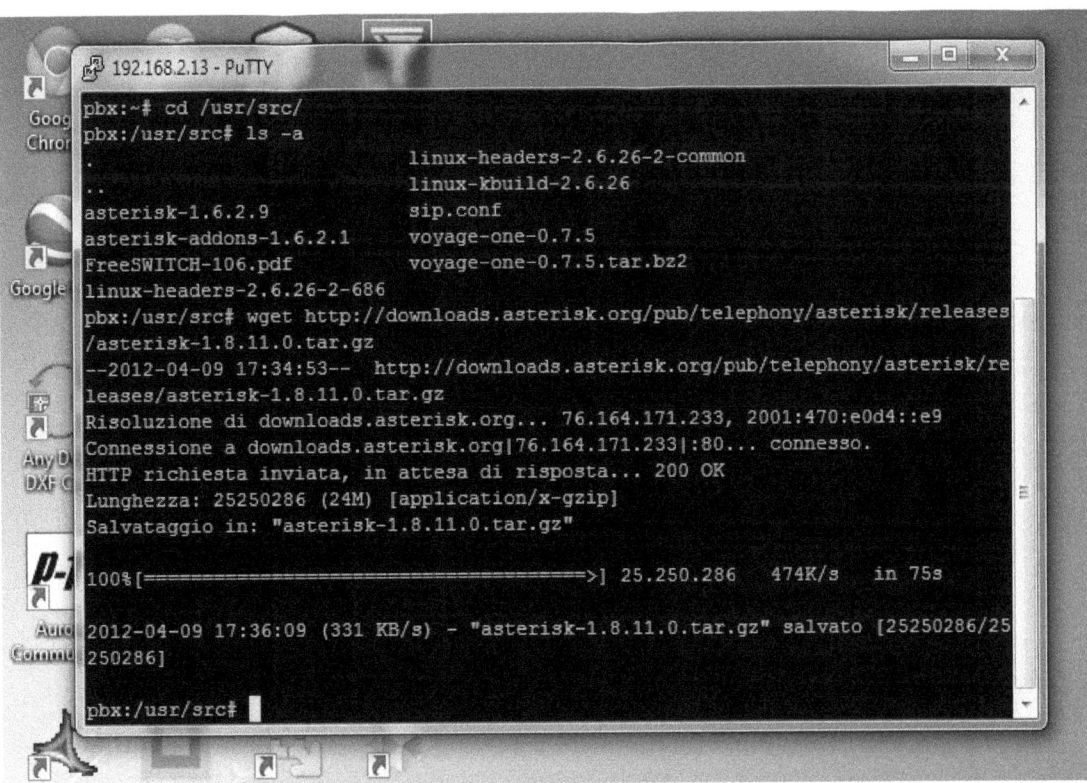

Alla fine, riottenuto il prompt dell'ambiente, come illustrato sotto, ci basterà digitare in successione il seguente comando:

- **tar zxvf** asterisk-1.8.11.0.tar.gz (il lettore deve conoscere il comando tar...)

Una volta scaricato il sorgente e decompresso nella rispettiva directory non dovremo far altro che spostarci li con il comando:

- **cd /usr/src/asterisk-1.8.11.0**

A questo punto cominciamo la parte più delicata dell'installazione, digitare in successione:

- **./configure** (e premere invio poi quando il processo avrà terminato e vedremo l'immagine sotto...)

```
config.status: creating config.h
configure: Menuselect build configuration successfully completed

               .$$$$$$$$$$$$$$=..
           .$7$7..            .7$$7:.
         .$$:.                    ,$7.7
       .$7.       7$$$$           .$$77
    ..$$.         $$$$$            .$$$7
   ..7$   .?.     $$$$$     .?.     7$$$.
  $.$.    .$$$7. $$$$7 .7$$$.       .$$$.
 .777.   .$$$$$$77$$$77$$$$$7.       $$$,
 $$$~     .7$$$$$$$$$$$$$7.         .$$$.
.$$7       .7$$$$$$$7:            ?$$$.
$$$         ?7$$$$$$$$$I          .$$$7
$$$        .7$$$$$$$$$$$$$         :$$$.
$$$       $$$$$7$$$$$$$$$$$        .$$$.
$$$     $$$  7$$$7  .$$$    .$$$.
$$$$                $$$$7          .$$$.
7$$$7              7$$$$           7$$$
 $$$$$                              $$$
  $$$$7.                          $$  (TM)
   $$$$$$$.           .7$$$$$$  $$
    $$$$$$$$$$$$7$$$$$$$$$.$$$$$$
      $$$$$$$$$$$$$$$$.

configure: Package configured for:
configure: OS type  : linux-gnu
configure: Host CPU : i686
configure: build-cpu:vendor:os: i686 : pc : linux-gnu :
configure: host-cpu:vendor:os: i686 : pc : linux-gnu :
root@pbx:/usr/src/asterisk-1.8.12.0#
```

Adesso digitiamo:

- **make menuconfig** (premere ancora il tasto invio ed attendere)

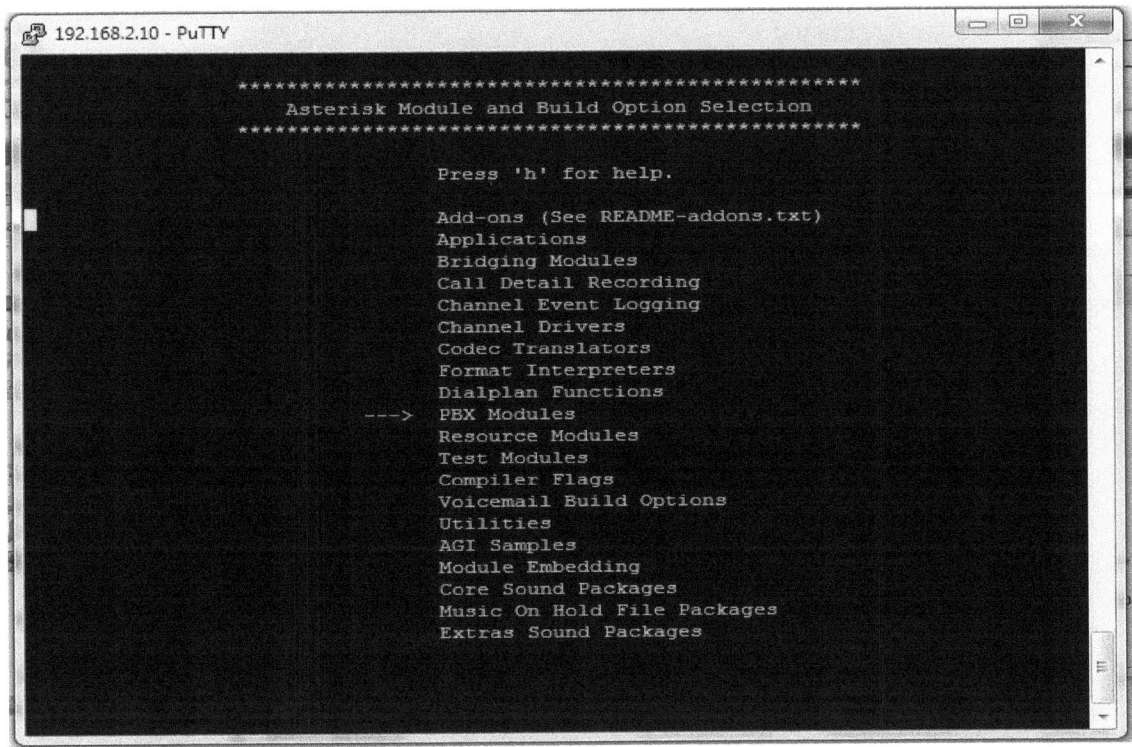

Da questo menu scorriamo con il tasto freccia down sino alla voce PBX Modules e premiamo il tasto invio ottenendo:

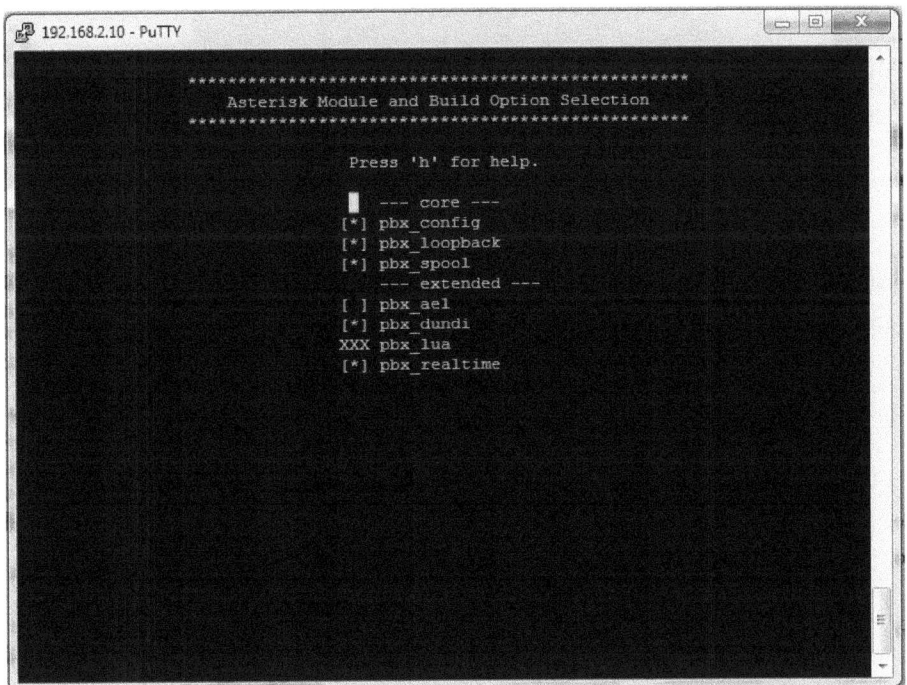

Utilizzando le frecce UP/DOWN della tastiera ci portiamo sopra la voce "pbx_ael" e con la pressione del tasto "spaziatura", deselezioniamo la voce relativa. Per proseguire l'installazione premere a questo punto la X .

Proseguiamo con l'impartire il comando:

- **make** (premere invio e attendere... poi digitare al prompt dei comandi:)

Atteso qualche istante dovremmo ottenere la seguente videata:

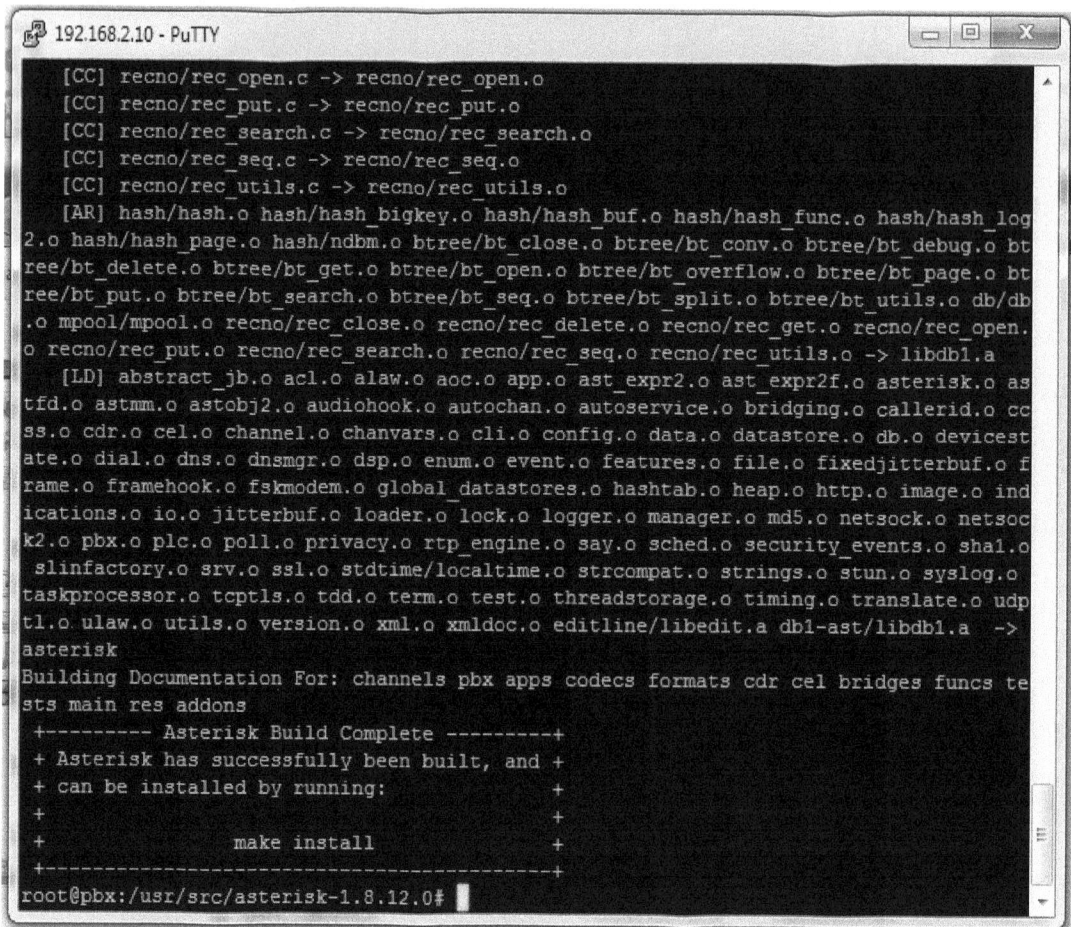

Leggiamo il suggerimento digitando :

- **make install** (invio)

Ancora qualche istante di elaborazione...

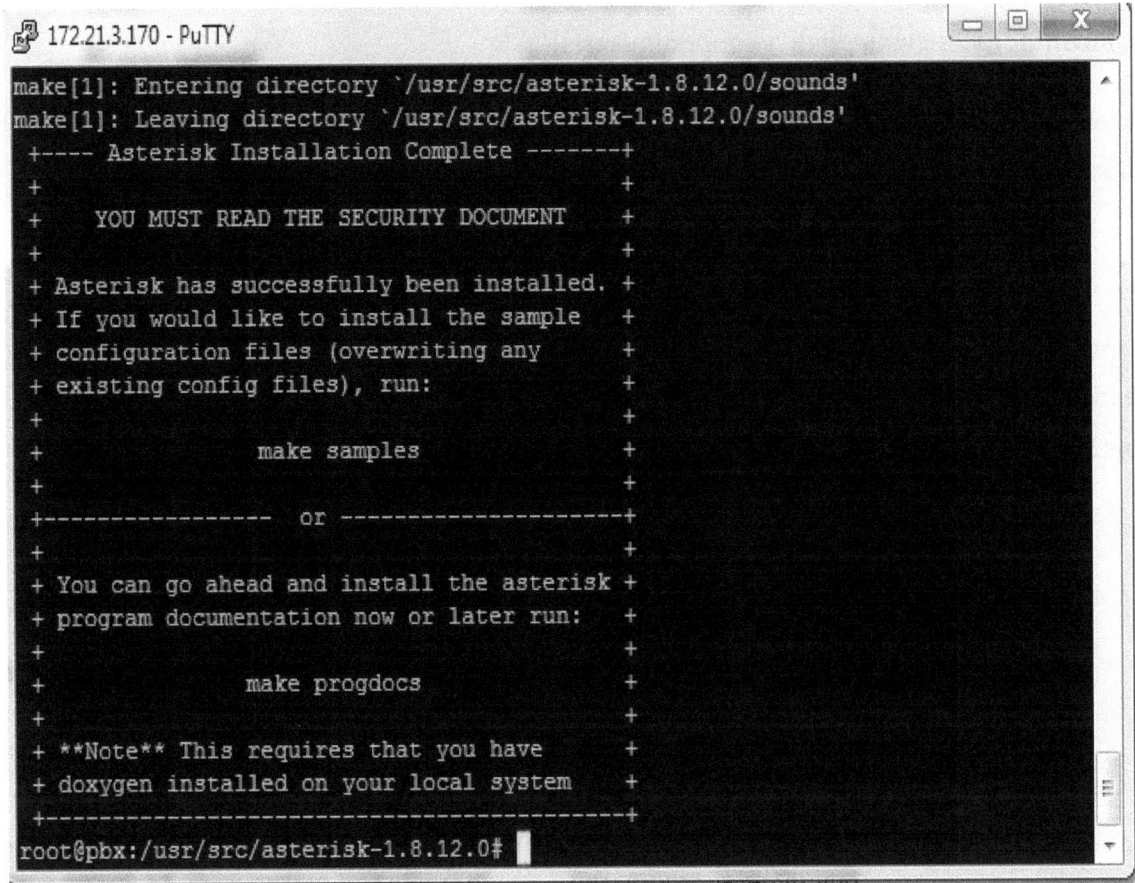

Ancora qualche comando da digitare ...

- **make samples** (crea i files di configurazione d'esempio in /etc/asterisk)
- **make config** (configura linux in modo che il demone parta all'avvio)

NOTE:

Se in un futuro vorrete aggiornare Asterisk ad una versione più recente, dovrete semplicemente ripetere i punti sopraelencati ad eccezione di **make config** *altrimenti vi verranno sovrascritte tutte le programmazioni e le configurazioni che avevate fatto andranno perse. FATE ATTENZIONE!!!*

Ora creiamo il gruppo e l'utente con il quale sarà eseguito il servizio e cambiamo l'utente delle varie cartelle utilizzate da Asterisk. La procedura è, come visto sopra, digitare, senza commettere errori i vari comandi i battendo invio ogni volta:

- **groupadd asterisk**
- **useradd -s /bin/false -g asterisk asterisk**
- **chown -R asterisk:asterisk /etc/asterisk**
- **chown -R asterisk:asterisk /usr/lib/asterisk**
- **chown -R asterisk:asterisk /var/lib/asterisk**
- **chown -R asterisk:asterisk /var/log/asterisk**

- **chown -R asterisk:asterisk /var/run/asterisk**
- **chown -R asterisk:asterisk /var/spool/asterisk**

Dopo essersi spostati nella directory del nostro centralino editiamo con VI il file asterisk.conf ci spostimao dentro il file e decommentando le seguenti righe (cioè togliamo il simbolo #):

```
verbose = 3
runuser = asterisk        ; The user to run as.
rungroup = asterisk       ; The group to run as.
```

Salviamo le variazioni con il comando wq dopo essere passati da modalità inserimento a modalità comando e lanciamo il demone di controllo di asterisk:

- **/etc/init.d/asterisk start** (possiamo anche fare un reboot!!!)

Da questo momento abbiamo un sistema asterisk funzionante, eseguito con utenza e gruppo asterisk;

per accedere alla CLI di controllo possiamo lanciare il comando:

- **rasterisk -vvvvr**

Nei prossimi capitoli vedremo come configurare nel dettaglio il nosto centralino e come sfruttare al meglio la CLI per controllare il sistema e imparare le nuove funzioni messe a disposizione dal grande Mark Spencer di Digium. Vedremo inoltre come configurare un PATTON serie smartnode ed un gateway GSM per utilizzare due trunk cellulari.

Capitolo 3

Configurare Asterisk:

Partiamo dal presupposto che per scelta di base il nostro approccio con il server è UNICAMENTE a riga di comando. Non faremo quindi uso di nessun tipo di interfaccia web.Tutti i file di configurazione del PBX sono situati nella directory di configurazione di Asterisk che è questa:

/etc/asterisk

Portatevi pertanto in questa directory. Asterisk permette di utilizzare schede per aggiungere linee, interni, etc. Tuttavia come avrete capito siamo per filosofia contrari a "carrozzare" il nostro server con schede aggiuntive, preferiamo un sistema che utilizzi gateway esterni. Questo sostanzialmente vuol dire che dovremo utilizzare hardware esterno e non schede PCI da inserire nell'hardware del centralino che sarà facilmente sostituibile in ogni momento senza problemi. Per esempio, per connettere una linea PSTN o ISDN al nostro Asterisk utilizzeremmo esclusivamente PATTON della serie Smart Node. Lo so, ci piace viaggiare in auto di lusso...

Analizziamo adesso i files che serviranno a configurare Asterisk e che gli permetteranno di far funzionare il server. I files in grassetto sono quelli comunemente utilizzati e modificati in installazioni standard. Stiamo parlando di approccio a riga di comando non da interfaccia web, tenetelo sempre a mente.

File di configurazione principale:

- **asterisk.conf**: dice ad Asterisk la struttura di directory da utilizzare ed i parametri di funzionamento (utente, gruppo, verbose, etc.)

Canali:
- adtranvofr.conf
- agents.conf : (per la gestione degli agenti delle code, viene personalizzato solo se si utilizzano le code)
- h323.conf: H323
- iax.conf : configura i canali IAX2
- mgcp.conf
- modem.conf
- phone.conf
- **sip.conf** : configura i canali SIP
- sip notify.conf: configura i messaggi di notifica
- skinny.conf
- vpb.conf

- zapata.conf

Configurazione dell'interfaccia Analogica di display dei servizi:
- adsi.conf
- asterisk.adsi
- telcordia.conf

Configurazione del Dialplan:
- extensions.conf : il DialPlan nel suo lingiaggio standard
- extensions.ael : il DialPlan in AEL (Asterisk Extensions Language)
- features.conf: Gestione parcheggi, pickup, etc.
- extconfig.conf : per la configurazione del RealTime di Asterisk (tramite ODBC)

Configurazione di specifici comandi del Dialplan:
- alarmreceiver.conf
- enum.conf
- dundi.conf : Dundi
- festival.conf :TTS (Text To Speech)
- indications.conf : toni
- metme.conf : conferenze
- musicmold.conf : musiche di attesa
- queue.conf : code
- voicemail.conf : voicemail

Altri:
- alarmreceiver.conf : Configuration file for the AlarmReceiver application
- alsa.conf
- cdr odbc.conf : CDR (Call Detail Records) tramite ODBC
- cdr pgsql.conf : CDR tramite Postgrep
- codecs.conf
- dnsmgr.conf : Background DNS update manager
- http.conf : Built-in mini HTTP server
- logger.conf : Configuration of what to log and where to log it
- manager.conf : Asterisk Manager API
- modules.conf : moduli da caricare

- udbc.conf : <u>Unix ODBC</u> drivers for Asterisk
- oss.conf
- privacy.conf
- res odbc.conf
- rpt.conf: configurazione dell'intervallo di porte del RPT
- say.conf : configure come pronunciare numeri e date
- users.conf : configurazione degli interni

Bene, questi a grandi linee sono i files con cui avremo a che fare.
Ora una sorpresa:
Per utilizzare il nostro centralino andremo a modificare solo 4 files di tutti quelli visti sopra e più precisamente:

- **extensions.conf**
- **sip.conf**
- **features.conf**
- **users.conf**

I files di configurazione di Asterisk sono suddivisi al loro interno in contesti (piccole sezioni) definiti tramite parentesi quadre:

[nome contesto]
dettagli contesto
....

I contesti terminano solo quando viene inserito un altro contesto o quando si raggiunge la fine del file. I commenti iniziano con un ; e terminano con la fine della linea.

Exten => s,1,Noop; commento

I file di configurazione di esempio che sono stati installati nel sistema quando avete fatto il make samples sono molto dettagliati e con tantissime funzioni; si consiglia di creare un backup degli stessi prima di modificarli in modo da poterli analizzare in seguito alla ricerca di nuove funzioni o spiegazioni. Se ad esempio dovrete modificare il file sip.conf vi conviene copiarlo, crearne una nuova versione completamente vuota e inserire i Vs. parametri nella nuova versione, nel caso di sip.conf potreste fare nel seguente modo:

```
cd /etc/asterisk        : per spostarsi nella directory dei file di configurazione
cp sip.conf sip.bak     : per copiare il file sip.conf nel file sip.bak
> sip.conf              : per svuotare il file sip.conf
```

Configuriamo il protocollo SIP

Il protocollo SIP viene configurato tramite il file **sip.conf**: il file inizia con un contesto generale [general] dove è possibile inserire i parametri che hanno validità globale:

- allow/disallow: definisce i codec abilitati o disabilitati, si può ad esempio scrivere:
  disallow=all
  allow=gsm   per abilitare solo il codec gsm.

- bindaddr: l'indirizzo su cui Asterisk deve stare in ascolto; di default è 0.0.0.0 quindi il pbx sarà in ascolto su tutte le interfacce di rete; potrete comunque limitarlo (se ne avete la necessità) ad un unico indirizzo IP.
- context: setta il contesto di default
- bindport: imposta la porta (UDP) per il protocollo SIP
- maxexpirey: tempo massimo per la registrazione (secondi)
- defaultexpirey: tempo standard per la registrazione (secondi)
- localnet: stabilisce qual è la rete locale e la netmask della stessa (nel nostro esempio sarà una classe C con base 192.168.0.0, cambiatela a seconda delle vostre esigenze)

Potremmo quindi configurare il sip.conf nel seguente modo:

sip.conf
[general]
bindport=5060
context=default
disallow=all
allow=alaw
allow=gsm
maxreply=120
defaultexpirey=80
localnet=192.168.0.0/255.255.255.0

Gli interni:

Gli interni di Asterisk (telefoni, gateways) vengono configurati modificando il file **users.conf**. Per capire come aggiungere e configurare interni in Asterisk, ne inseriremo due di prova e faremo in modo che possano chiamarsi tra di loro. Possiamo a tal fine editare il file users.conf inserendo i due interni (l'interno 30 e 31):

N.B. E' possibile anche fare senza questo file, utilizzando solo il SIP.CONF visto sopra.

users.conf
[30]
fullname=Pippo
secret=ndgt.345
hassip=yes
hasiax=no
context=interni
type=friend
host=dynamic
qualify=yes
disallow=all
allow=alaw
allow=gsm
canreinvite=no

```
[31]
fullname=Pluto
secret=hdtc.66s
hassip=yes
hasiax=no
context=interni
type=friend
host=dynamic
qualify=yes
disallow=all
allow=alaw
allow=gsm
canreinvite=no
```

Vediamo in dettaglio le varie istruzioni cosa significano:

- fullname: è il nome dell'interno (ad es. Paolo Rossi)
- secret: è la password con cui l'interno si autentica in asterisk
- hassip: determina se l'interno utilizza il protocollo SIP
- hasiax: determina se l'interno utilizza il protocollo iax2
- context: indica il contesto (in extensions.conf) in cui ricercare le estensioni digitate dall'interno: quando l'interno effettuerà una chiamata, Asterisk processerà il dialplan di questo contesto alla ricerca dell'estensione chiamata
- type: può essere di tre valori
    - peer: riceve chiamate
    - user: effettua chiamate
    - friend: effettua e riceve chiamate
- host: indirizzo IP oppure l'hostname; l'opzione più utilizzata è solitamente dynamic che permette la registrazione dinamica dell'utente.
- qualify: se viene impostato a yes, Asterisk invia ad intervalli regolari dei SIP messages per verificare che l'utente sia registrato ed il tempo di risposta (in millisecondi).

Per ovviare alle informazioni ripetitive Asterisk mette a disposizione i template, ovvero dei contesti particolari contrassegnati da un punto esclamativo nel seguente modo:

[template](!)

I templates vengono poi richiamati utilizzando il loro nome tra parentesi tonde subito dopo il contesto che li vuole utilizzare:

[contesto](template)

Un template può derivare le impostazioni da un altro nel seguente modo:
[template2](!,template)

E un contesto può derivare le informazioni da più templates:

[contesto](template,template3)

Ciò ci permette di riorganizzare il nostro file in maniera più sintetica e meno ripetitiva:

users.conf
[telefono](!)

```
hassip=yes
hasiax=no
context=interni
type=friend
host=dynamic
qualify=yes
disallow=all
allow=alaw
allow=gsm
canreinvite=no

[30](telefono)
fullname=Pippo
secret=ndgt.345

[31](telefono)
fullname=Pluto
secret=hdtc.66s
```

Per permettere ai nostri interni di chiamarsi tra di loro dovremo poi modificare anche il file extension.conf aggiungendo il contesto che abbiamo specificato in users.conf e le estensioni da chiamare.

extensions.conf
```
[general]

[globals]

[default]

[interni]
exten => 30,1,Dial(SIP/30)
exten => 31,1,Dial(SIP/31)
```
Nel file abbiamo definito 4 contesti:

- **general**: contesto di utilizzo generale
- **globals**: contesto per le variabili globali
- **default**: contesto che avevamo definito in sip.conf
- **interni**: contesto definito in users.conf

Sino ad ora abbiamo visto la teoria, ora vi mostro i file reali, quelli che , se copiati in modo esatto faranno "girare" il nostro centralino.

Il DIAL PLAN ovvero il file EXTENSIONS.CONF:

```
; extensions.conf - the Asterisk dial plan by guido galletti Aprile 2013

[general]

static=yes
writeprotect=no
autofallthrough=yes
extenpatternmatchnew=yes
priorityjumping=yes
clearglobalvars=no
```

```
[globals]

[blf]
exten=> _1XX,hint,SIP/${EXTEN}

;************************************************
;trunk delle chiamate in uscita dal centralino
;************************************************

[gsm_out]
;chiamate verso cellulari usando il gateway GSM
exten => _3[356].,1,NoOp(chiamata verso i cellulari con SIM )
exten => _3[356].,n,Dial(SIP/${EXTEN:1}@gsm,,r)
;exten => n,Dial(SIP/${EXTEN}@PATTON)

[pstnout]
;telefonate in uscita su trunk pstn
exten => _9.,1,NoOp(chiamo con pstn)
exten => _9.,n,Dial(SIP/${EXTEN:1}@PATTON)

[sipout_skyphone]
exten => _[03456].,1,NoOp(chiamo con Skiphone)
exten => _[03456].,n,Dial(SIP/skyphone/${EXTEN})

;************************************************
;trunk delle chiamate in entrata al centralino
;************************************************

[arrivo_gsm]
;arrivo delle chiamate al gateway GSM
exten => 12345,1,NoOp(${EXTEN})
exten => 12345,n,Dial(SIP/104)
exten => n,Hangup()

[sipin_skyphone]

;mettere al posto delle xxx il numero esatto
exten => _05751xxxxxx,1,Goto(ivr,s,1)

[pstnin]
;mettere al posto delle xxx il numero esatto
;telefonate in entrata su trunk PATTON da linea PSTN
exten => 05751xxxxxx,1,NoOp(arrivo chiamata da pstn 1)
exten => 05751xxxxxx,n,Dial(SIP/101)

;l'altro ingresso FXO lo lasciamo scollegato e con questa configurazione
;exten => 05752,1,NoOp(arrivo chiamata da pstn 2)
;exten => 05752,n,Dial(SIP/100&SIP/101&SIP/102)

[interni]
;pickup diretto tra interni
exten => _*8.,1,Pickup(${EXTEN:2})
exten => _*8.,n,Hangup()

;chiamate tra interni
exten => _1XX,1,Dial(SIP/${EXTEN})
exten => _1XX,n,Hangup

include => blf
include => features
```

```
include => gsm_out
include => sipout_skyphone
include => sipin_skyphone
include => pstnin
include => pstnout
include => arrivo_gsm

[features]

;*** subroutine *********
;per registrare menu IVR
;***********************

exten => 6600,1,Answer()
exten => 6600,n,Wait(1)
exten => 6600,n,Record(ivr.gsm)
exten => 6600,n,Wait(1)
exten => 6600,n,Playback(ivr)
exten => 6600,n,Hangup()

;***********************
;per registrare messaggio
;***********************

exten => 5500,1,Answer()
exten => 5500,n,Wait(1)
exten => 5500,n,Playback(memo)
exten => 5500,n,Wait(1)
exten => 5500,n,Record(messaggio.gsm)
exten => 5500,n,Wait(1)
exten => 5500,n,Hangup()

;*******************************************
;per controllare messaggi sul il centralino
;*******************************************

exten => 5555,1,Answer()
exten => 5555,2,Playback(messaggio)
exten => 5555,3,Hangup()

exten => 6610,1,Answer()
exten => 6610,2,Playback(ivr)
exten => 6610,3,Hangup()

;*********************
; menu scelta interni
;*********************

[ivr]

exten => s,1,Answer()
exten => s,n,Wait(1)
exten => s,n,Background(ivr)
exten => s,n,WaitExten(5)

exten => 1,1,Goto(interni,102,1)

exten => t,1,Playback(goodbye)
exten => t,n,Hangup()

exten => i,1,Playback(pbx-invalid)
```

```
exten => i,n,Goto(s,1)
```

; EOF ***

ricordatevi di rimpiazzare i numeri che ho terminato con X con i vostri !!!

Adesso vediamo il file SIP.CONF :

```
;file sip.conf by guido galletti ultimo aggiornamento Aprile 2013

[general]

; chiamate in entrata su trunk ex eutelia, chiaramente qui va messo al posto
delle "x" il numero esatto assegnato e la password giusta
register => 0575xxxxxx:xxxxxxx:05751xxxxx@voip.eutelia.it:5060/0575xxxxxx

[skyphone]
type=friend
secret=xxxxxxxxxxxx
qualify=yes
port=5060
nat=yes
insecure=port,invite
host=voip.eutelia.it
defaultuser=0575xxxxxx
fromuser=0575xxxxxxx
fromdomain=voip.eutelia.it
dtmfmode=rfc2833
canreinvite=no
authuser=05751xxxxxx
disallow=all
allow=alaw
allow=gsm
bindaddr=0.0.0.0
context=sipin_skyphone

[tel](!)  ;template telefoni
secret=xxxxxx
type=friend
context=interni
host=dynamic
dtmfmode=rfc2833
disallow=all
allow=alaw
allow=gsm
qualify=yes

;soggiorno
[100](tel)

;garage
[101](tel)

;mansarda
[102](tel)

[patton]
type=friend
secret=4112
port=5060
```

```
qualify=yes
call-limit=2
host=dynamic
nat=no
qualify=yes
canreinvite=no
insecure=port,invite
disallow=all
allow=alaw
dtmfmode=rfc2833
context=pstnin ; il context delle chiamate in entrata

[gsm]
hassip=yes
hasiax=no
type=friend
;type=peer
host=dynamic
canreinvite=no
qualify=yes
nat=no
disallow=all
allow=alaw
allow=ulaw
allow=gsm
dtmfmode=rfc2833
insecure=port,invite
call-limit=4
context=arrivo_gsm
secret=xxxxxxxx

; EOF****************************************
```

In fine, una piccola modifica al file FEATURES.CONF:

```
;
; Sample Call Features (parking, transfer, etc) configuration
;

[general]
parkext => 700                  ; What extension to dial to park   (all parking lots)
parkpos => 701-720              ; What extensions to park calls on. (defafult parking lot)
                                ; These needs to be numeric, as Asterisk starts from the start position
                                ; and increments with one for the next parked call.
context => parkedcalls          ; Which context parked calls are in (default parking lot)
;parkinghints = no              ; Add hints priorities automatically for parking slots (default is no).
;parkingtime => 45              ; Number of seconds a call can be parked for
                                ; (default is 45 seconds)
;comebacktoorigin = yes ; Whether to return to the original calling extension upon parking
                                ; timeout or to send the call to context 'parkedcallstimeout' at
                                ; extension 's', priority '1' (default is yes).
;courtesytone = beep            ; Sound file to play to the parked caller
                                ; when someone dials a parked call
                                ; or the Touch Monitor is activated/deactivated.
;parkedplay = caller            ; Who to play the courtesy tone to when picking up
```

```
a parked call
                                ; one of: parked, caller, both  (default is caller)
;parkedcalltransfers = caller    ; Enables or disables DTMF based transfers when
picking up a parked call.
                                ; one of: callee, caller, both, no (default is
no)
;parkedcallreparking = caller    ; Enables or disables DTMF based parking when
picking up a parked call.
                                ; one of: callee, caller, both, no (default is
no)
;parkedcallhangup = caller       ; Enables or disables DTMF based hangups when
picking up a parked call.
                                ; one of: callee, caller, both, no (default is
no)
;parkedcallrecording = caller    ; Enables or disables DTMF based one-touch
recording when picking up a parked call.
                                ; one of: callee, caller, both, no (default is
no)
;adsipark = yes                 ; if you want ADSI parking announcements
;findslot => next        ; Continue to the 'next' free parking space.
                         ; Defaults to 'first' available
;parkedmusicclass=default     ; This is the MOH class to use for the parked
channel
                             ; as long as the class is not set on the channel
directly
                             ; using Set(CHANNEL(musicclass)=whatever) in the
dialplan

;transferdigittimeout => 3    ; Number of seconds to wait between digits when
transferring a call
                         ; (default is 3 seconds)
;xfersound = beep        ; to indicate an attended transfer is complete
;xferfailsound = beeperr     ; to indicate a failed transfer
pickupexten = *8         ; Configure the pickup extension. (default is *8)
;pickupsound = beep          ; to indicate a successful pickup (default: no
sound)
;pickupfailsound = beeperr   ; to indicate that the pickup failed (default: no
sound)
;featuredigittimeout = 1000  ; Max time (ms) between digits for
                             ; feature activation   (default is 1000 ms)
;atxfernoanswertimeout = 15 ; Timeout for answer on attended transfer default is
15 seconds.
;atxferdropcall = no         ; If someone does an attended transfer, then hangs
up before the transferred
                             ; caller is connected, then by default, the system
will try to call back the
                             ; person that did the transfer.  If this is set to
"yes", the callback will
                             ; not be attempted and the transfer will just fail.
;atxferloopdelay = 10        ; Number of seconds to sleep between retries (if
atxferdropcall = no)
;atxfercallbackretries = 2 ; Number of times to attempt to send the call back
to the transferer.
                             ; By default, this is 2.

; Note that the DTMF features listed below only work when two channels have
answered and are bridged together.
; They can not be used while the remote party is ringing or in progress. If you
require this feature you can use
; chan_local in combination with Answer to accomplish it.
```

```
[featuremap]
;blindxfer => #1          ; Blind transfer  (default is #) -- Make sure to set the
T and/or t option in the Dial() or Queue() app call!
;disconnect => *0         ; Disconnect  (default is *) -- Make sure to set the H
and/or h option in the Dial() or Queue() app call!
;automon => *1            ; One Touch Record a.k.a. Touch Monitor -- Make
sure to set the W and/or w option in the Dial() or Queue() app call!
;atxfer => *2             ; Attended transfer  -- Make sure to set the T
and/or t option in the Dial() or Queue() app call!
;parkcall => #72          ; Park call (one step parking)  -- Make sure to set the
K and/or k option in the Dial() app call!
;automixmon => *3         ; One Touch Record a.k.a. Touch MixMonitor -- Make sure
to set the X and/or x option in the Dial() or Queue() app call!

[applicationmap]
; Note that the DYNAMIC_FEATURES channel variable must be set to use the
features
; defined here.  The value of DYNAMIC_FEATURES should be the names of the
features
; to allow the channel to use separated by '#'.  For example:
;
;     Set(__DYNAMIC_FEATURES=myfeature1#myfeature2#myfeature3)
;
; (Note: The two leading underscores allow these feature settings to be set on
;  on the outbound channels, as well.  Otherwise, only the original channel
;  will have access to these features.)
;
; The syntax for declaring a dynamic feature is any of the following:
;
;<FeatureName> => <DTMF_sequence>,<ActivateOn>[/<ActivatedBy>],<Application>[,<AppArguments>[,MOH_Class]]
;<FeatureName> => <DTMF_sequence>,<ActivateOn>[/<ActivatedBy>],<Application>[,"<AppArguments>"[,MOH_Class]]
;<FeatureName> => <DTMF_sequence>,<ActivateOn>[/<ActivatedBy>],<Application>([<AppArguments>])[,MOH_Class]
;
;   FeatureName    -> This is the name of the feature used in when setting the
;                     DYNAMIC_FEATURES variable to enable usage of this feature.
;   DTMF_sequence -> This is the key sequence used to activate this feature.
;   ActivateOn    -> This is the channel of the call that the application will be
executed
;                     on. Valid values are "self" and "peer". "self" means run the
;                     application on the same channel that activated the feature.
"peer"
;                     means run the application on the opposite channel from the
one that
;                     has activated the feature.
;   ActivatedBy   -> This is which channel is allowed to activate this feature.
Valid
;                     values are "caller", "callee", and "both". "both" is the
default.
;                     The "caller" is the channel that executed the Dial
application, while
;                     the "callee" is the channel called by the Dial application.
;   Application   -> This is the application to execute.
;   AppArguments  -> These are the arguments to be passed into the application.
If you need
```

```
;                           commas in your arguments, you should use either the second or third
;                           syntax, above.
;   MOH_Class         -> This is the music on hold class to play while the idle
;                           channel waits for the feature to complete. If left blank,
;                           no music will be played.
;;
; IMPORTANT NOTE: The applicationmap is not intended to be used for all Asterisk
;   applications. When applications are used in extensions.conf, they are executed
;   by the PBX core. In this case, these applications are executed outside of the
;   PBX core, so it does *not* make sense to use any application which has any
;   concept of dialplan flow. Examples of this would be things like Macro, Goto,
;   Background, WaitExten, and many more.
;
; Enabling these features means that the PBX needs to stay in the media flow and
; media will not be re-directed if DTMF is sent in the media stream.
;
; Example Usage:
;
;testfeature => #9,peer,Playback,tt-monkeys    ;Allow both the caller and callee to play
;                                                ;tt-monkeys to the opposite channel
;
; Set arbitrary channel variables, based upon CALLERID number (Note that the application
; argument contains commas)
;retrieveinfo => #8,peer,Set(ARRAY(CDR(mark),CDR(name))=${ODBC_FOO(${CALLERID(num)})})
;
;pauseMonitor    => #1,self/callee,Pausemonitor      ;Allow the callee to pause monitoring
;                                                      ;on their channel
;unpauseMonitor  => #3,self/callee,UnPauseMonitor    ;Allow the callee to unpause monitoring
;                                                      ;on their channel
;
;*** Define another parking lot
;
; You can set parkinglot with the CHANNEL dialplan function
; or by setting 'parkinglot' directly in the channel configuration file.
;
;[parkinglot_edvina]
;context => edvinapark
;parkpos => 800-850
;findslot => next

; GROUPS
;   Groups are groupings of features defined in [applicationmap]
;   that can have their own key mappings.
;
; example:
; [myGroupName]           ; defines the group named myGroupName
; testfeature => #9       ; associates testfeature with the group and the keycode #9
; pauseMonitor            ; associates pauseMonitor with the group and the keycode
```

N.B.
Il file va modificato solo dove ho evidenziato con il colore giallo, occorre togliere solo il punto e virgola e salvare!

Ricapitolando, abbiamo modificato i seguenti tre files:

- **extension.conf**
- **sip.conf**
- **features.conf**

Se non sono stati commessi errori eseguite un reboot, ci siamo quasi !

Possiamo ora accedere alla CLI di Asterisk tramite il comando

rasterisk -vvvvr

Dalla CLI ordinare ad Asterisk di ricaricare il file di configurazione. Ma vediamo più nel dettaglio che cosa è questa CLI. Innanzitutto è l'acronimo di "Command Line Interface" che detto in soldoni non è altro che un potente ambiente di controllo del centralino. Capire ed utilizzare al meglio questo strumento esula dallo scopo di questo manuale, Internet è il luogo dove andare a cercare le info. A noi sarà interessante conoscere i comandi più immediati che serviranno a renderci conto in ogni istante dello stato del centralino. Tutto questo chiaramente in tempo reale. Torniamo a parlare dei files di configurazione che dovremmo andare a popolare personalizzando Asterisk in base alle nostre esigenze.

Dopo aver definito il Dialplan andiamo avanti nella configurazione del nostro centralino e vediamo come configurare un numero telefonico VoIP per effettuare chiamate in uscita e riceverne in ingresso.

Per far questo abbiamo bisogno di un provider che ci fornisca un numero telefonico VoIP con prefisso nazionale. Per il nostro studio possiamo utilizzare la numerazione gratuita fornita oggi da Clouditalia ex Eutelia.

Se effettuate la registrazione (oppure avete utilizzato altri provider) vi verranno assegnati questi parametri (oltre al numero telefonico con prefisso della località che avete scelto):

Numero geografico assegnato: 0575xxxxxxxx
Username VoIP: 0575xxxxxxx
Password: secretXXXX
SIP Proxy: sip.provider.it

Per configurare la nostra linea VoIP su asterisk modifichiamo il file "extensions.conf". Per le chiamate in ingresso dobbiamo aggiungere:

[from-provider]
exten => 0575xxxxxxx,1,Dial(SIP/30)

in questo modo specifichiamo che tutte le chiamate in ingresso sul numero 0575**xxxxxxx** devono essere inviate sull'interno 30.

Ora dobbiamo configurare il canale Sip, dunque in "sip.conf", alla fine del file, aggiungiamo:

[ext-provider]
type=friend
context=from-provider
username=0575xxxxxxx
fromuser=0575xxxxxxx

secret=secret
host=sip.provider.it
fromdomain=sip.provider.it
qualify=yes
insecure=very
nat=yes

Ora, oltre i due interni, abbiamo creato un ulteriore canale SIP, che può sia inviare che ricevere chiamate (type=friend).

Come per gli interni specifichiamo che tutte le chiamate in arrivo su questo canale devono essere gestite dal contesto **from-provider** in cui abbiamo specificato che tutto quello che arriva deve essere inoltrato all'interno 30.

Riassumendo tutte le chiamate in arrivo sul numero VoIP configurato saranno inoltrate sull'interno 30.

Nel paragrafo precedente abbiamo spiegato come configurare una linea VoIP in ingresso (cioè che accetti chiamate dall'esterno), continuiamo in modo da poter utilizzare la stessa linea anche per le chiamate in uscita dal nostro centralino.

Per effettuare chiamate in uscita dobbiamo configurare il **trunk** in modo che si registri al provider che fornisce il servizio VoIP, per questo aggiungiamo nel file di configurazione "sip.conf" la seguente linea.

register=>0575xxxxxxx:secret@sip.provider.it/0575xxxxxxx

dove "0575xxxxxxx" è il nome utente, "secret" è la password e "sip.provider.it" è il proxy server del provider che abbiamo scelto per il servizio VoIP. Infine abbiamo specificato anche "/0575xxxxxxx" che indica l'estensione che deve gestire le chiamate.

Ora dobbiamo in qualche modo dire al centralino che su questo provider devono essere dirottate le nostre chiamate in uscita.

Per questo dobbiamo effettuare delle modifiche anche al file di configurazione "extensions.conf". Precendentemente abbiamo configurato un contesto per le chiamate che arrivano dagli interni che dovrà adesso essere così modificato:

```
[from-internal]
exten => 100,1,Dial(SIP/100,20)
exten => 100,2,Hangup
exten => 101,1,Dial(SIP/101,20)
exten => 101,2,Hangup
exten => _X.,1,Dial(SIP/${EXTEN}@EXT-PROVIDER)
```

Abbiamo aggiunto l'ultima riga. Analizzeremo meglio questa riga in seguito, per ora ci basta capire che serve per inoltrare tutte le chiamate sul provider "ext-provider", che abbiamo già definito nel nostro "sip.conf". Seguendo le configurazioni di questi ultimi due paragrafi, dovremmo aver settato il centralino per ricevere e inoltrare chiamate dalla nostra linea VoIP.

Funziona? Sono a disposizione per domande e osservazioni.

Nell'ultimo paragrafo sopra abbiamo aggiunto la riga:

exten => _X.,1,Dial(SIP/${EXTEN}@ext-provider)
per gestire le chiamate in uscita del centralino Asterisk.

Ci eravamo preposti di analizzarla nel dettaglio. Questa riga fa uso di un meccanismo molto importante per il funzionamento di Asterisk: il **pattern matching**.

Ricordiamo che la riga in oggetto è stata aggiunta al contesto **[from-internal]** in cui confluiscono tutte le chiamate effettuate dai telefoni configurati come interni.

Il numero digitato sulla tastiera del telefono viene confrontato in sequenza con ogni riga presente nel contesto **[from-internal]**. In caso si digiti il numero 100 avviene un "matching" con le estensioni che iniziano con 100 e dunque vengono eseguite le priorità 1 e 2.

In caso venga digitato il numero 101 avviene la stessa cosa per l'estensione 101.

La riga che stiamo analizzando inizia con la stringa "**_X**." e non con un numero. Questo indica un possibile "pattern" con cui il numero digitato sulla tastiera può fare "matching".

In particolare le sequenze di simboli che possiamo includere in una estensione iniziano sempre con il carattere "_" e sono:

X indica una cifra da 0 a 9
Z indica una cifra da 1 a 9
N indica una cifra da 2 a 9
[] è possibile specificare un range (es. [15-7] indica 1,5,6 oppure 7). Qualsiasi cosa

Esempio:
_9. indica tutte le stringhe che iniziano con 9, di qualsiasi lunghezza, ad esempio 92,932344,99999,91,etc.

_XXX indica tutte le stringhe di 3 caratteri, con numeri che vanno da 0 a 9, come 321, 999,123, etc.

Nel nostro caso **_X**. significa tutte le stringhe di numeri. Interessante?

Capitolo 4

Configurare i telefoni SNOM :

Il nostro centralino è configurato, ora ci procuriamo 2 o 3 telefoni VoIP e li configuriamo come interni. Per questo primo test ci occorre uno switch da 5 porte, 2 telefoni VoiP oppure un adattatore ATA e due telefoni analogici oltre ad una connessione ADSL Internet. Osserviamo il disegno sotto riportato e procediamo con le varie configurazioni. Normalmente il router ADSL funge anche da server DHCP quindi non sarà necessario attivare il servizio da altri device.

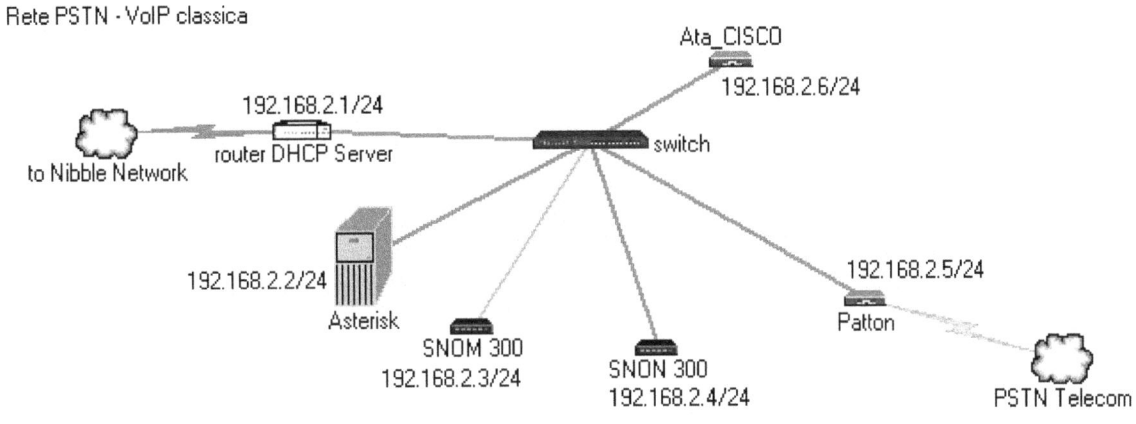

(c) Guido Galletti 2012

Cominciamo con il configurare i telefoni. L'esempio che segue è realizzato utilizzando 2 telefoni SNOM 300. In ogni caso, i parametri da inserire sono gli stessi per ogni altra marca o modello di telefono.

Appena avrete collegato il device alla rete elettrica ed allo switch, dopo il boot eseguito in pochi attimi, il telefono registrerà l'indirizzo IP assegnato dal DHCP server e sarà possibile andare a vedere quale gli è stato assegnato premendo il tasto grigio posto superiormente alla tastiera di combinazione, una volta in basso e subito dopo in alto. Ripeteremo la cosa per l'altro telefono. Adesso ci spostiamo su un pc collegato in rete e aprendo il nostro browser preferito digitiamo l'indirizzo del primo telefono. Dovremmo ottenere la seguente risposta:

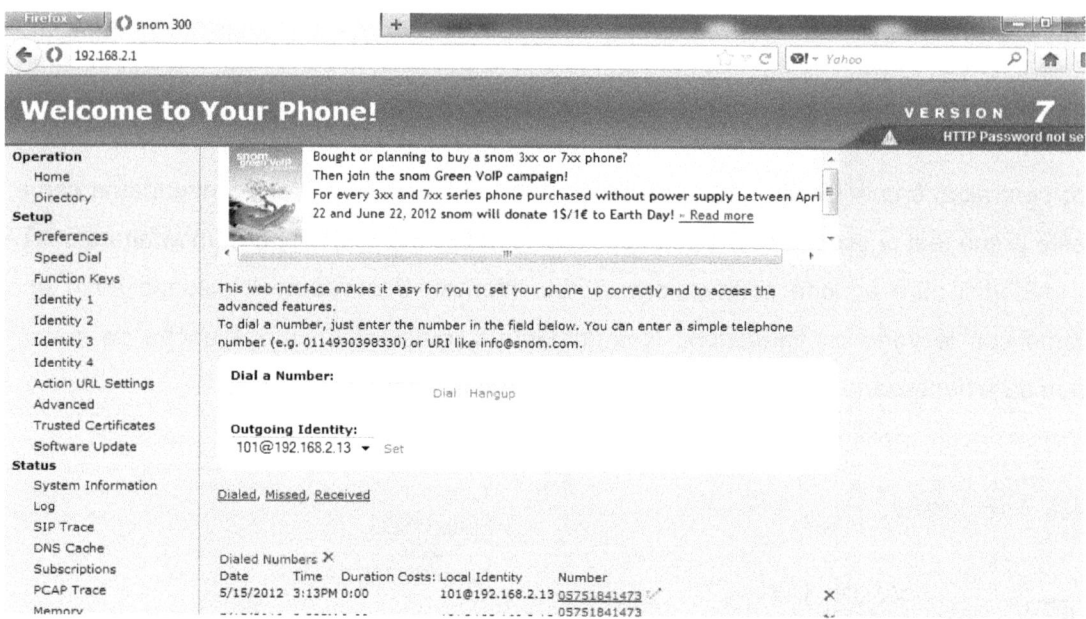

Siamo sulla Home dello SNOM 300. Selezioniamo dal menu di sinistra la voce "Preferences" e vi clicchiamo sopra ottenendo questa immagine o similare (a seconda del firmware installato).

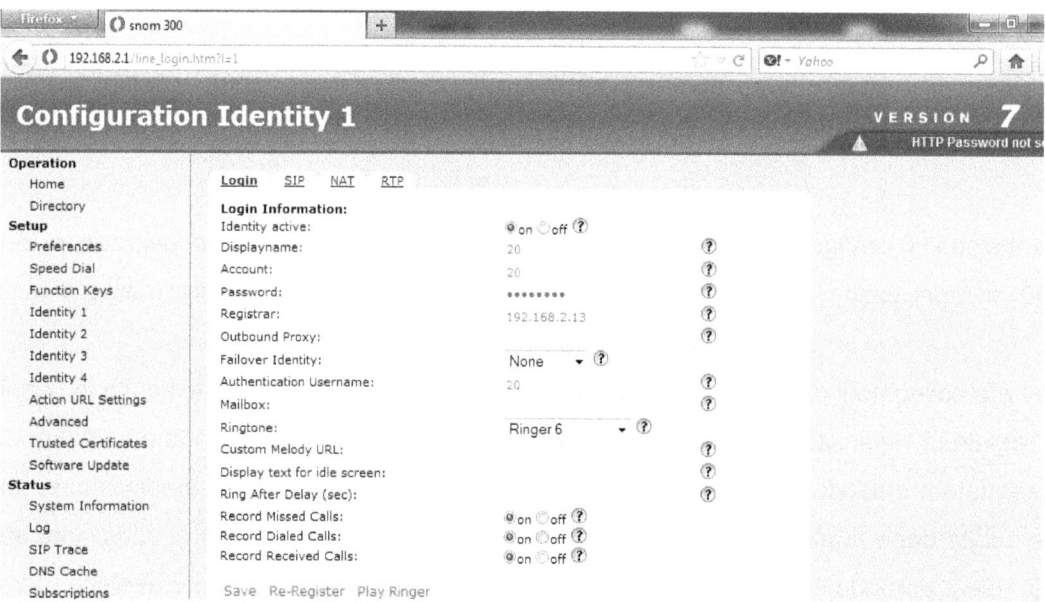

Selezioniamo la lingua, il tipo di tono di centrale che vorremmo sentire, (non è obbligatorio quello italiano consiglio quello americano).

Scendiamo in basso e salviamo tutto con il tasto "save". Ora passiamo al menu di sinistra selezionando la voce "Identity 1" ottenendo questa immagine:

Qui non abbiamo altro che da inserire il numero dell'interno, la password, l'ID, l'indirizzo IP del nostro centralino, decidere che tipo di suoneria vogliamo e premere il tasto "Save" per salvare i parametri.

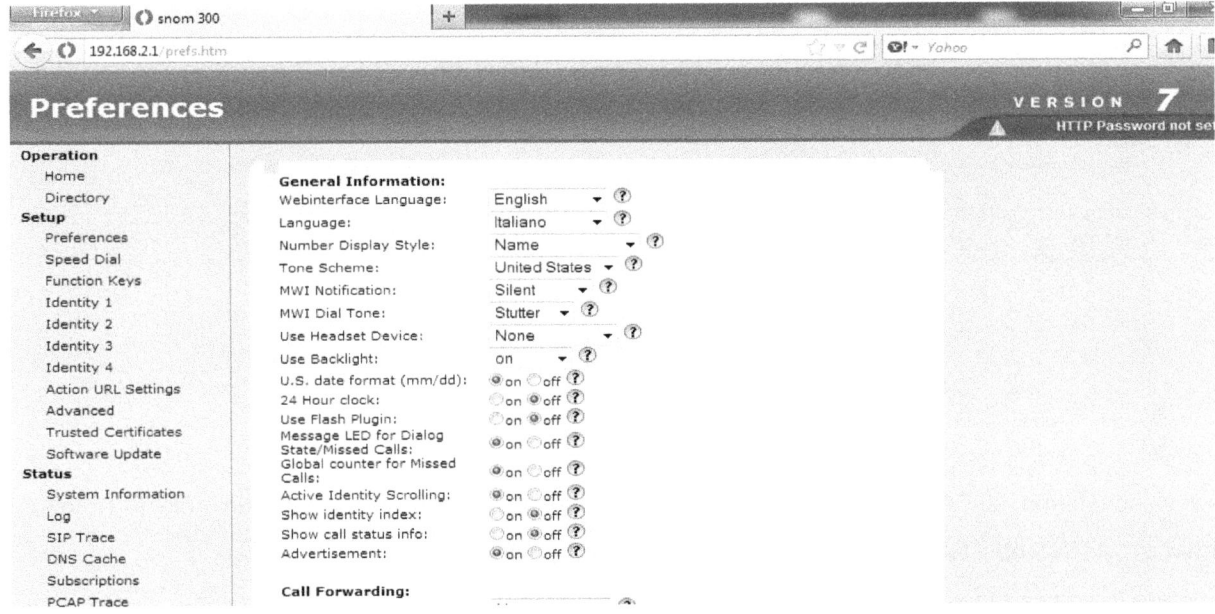

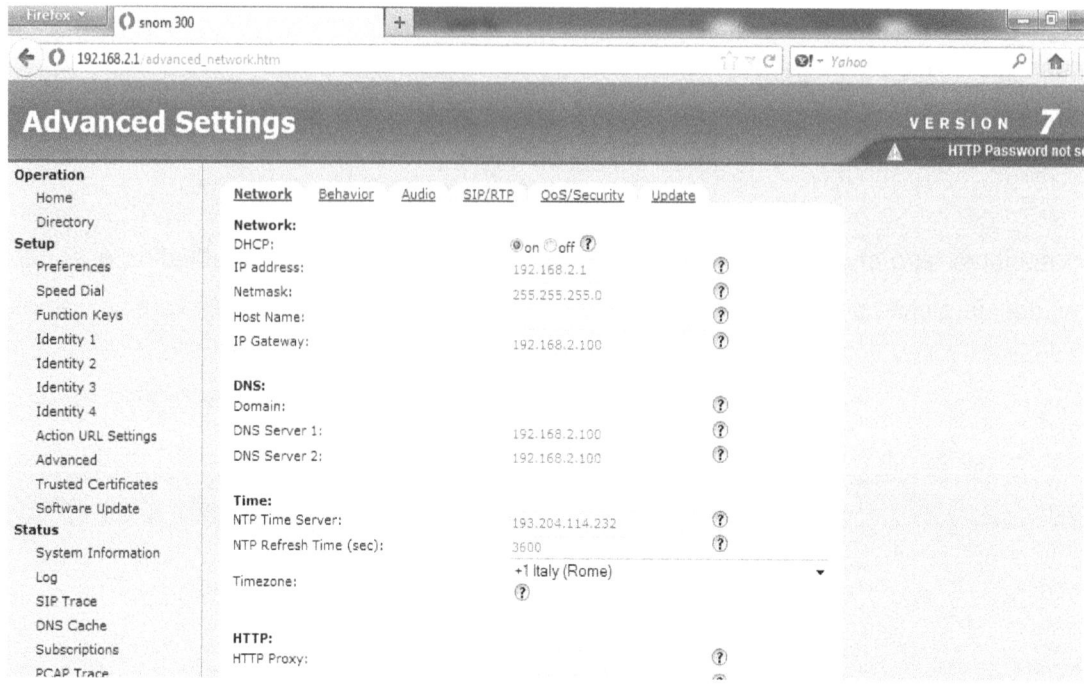

Ora ci spostiamo su "Advances": qui completiamo la configurazione inserendo solo il Timezone; l'indirizzo, il DNS ed il Gateway li ha già assegnati il server DHCP per noi!

Ripetere la stessa procedura per l'altro telefono.

A questo punto i due telefoni sono configurati, apriamo una sessione PUTTY e accediamo al centralino. Se avete fatto le cose nella maniera giusta al prompt dei comandi, dopo essere stati autenticati dal server Asterisk, digitando il comando **rasterisk -vvvvvr**

Vi aprirà la CLI con la seguente videata:

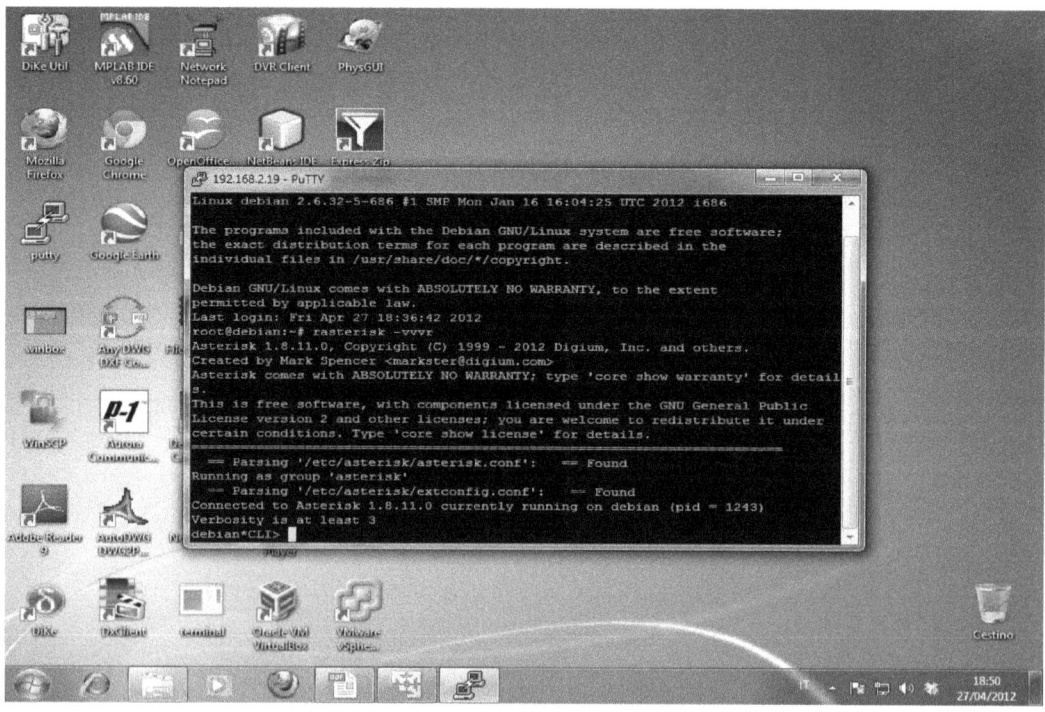

Siamo dentro l'ambiente di controllo di Asterisk. Digitiamo il seguente comando:

sip show peers (e premiamo invio),

si deve ottenere la lista dei peers registrati sul centralino come mostra l'immagine sotto.

A questo punto se abbiamo fatto un abbonamento a qualche provider VoIP e abbiamo ottenuto un numero telefonico possiamo renderlo attivo inserendo i dati necessari. Si ricorda al lettore che i files SIP.CONF ed EXENSIONS.CONF perfettamente funzionanti e debitamente commentati, a cui occorrerà solo inserire alcuni parametri per la personalizzazione, possono essere richiesti mandando una mail al sito Internet all'URL: www.congegnielettronici.com. Vedremo adesso, nei prossimi capitoli, come si configura un gateway GSM.

Lo schema di collegamento finale di tutti i device come già visto nel capitolo 1 è quello della figura

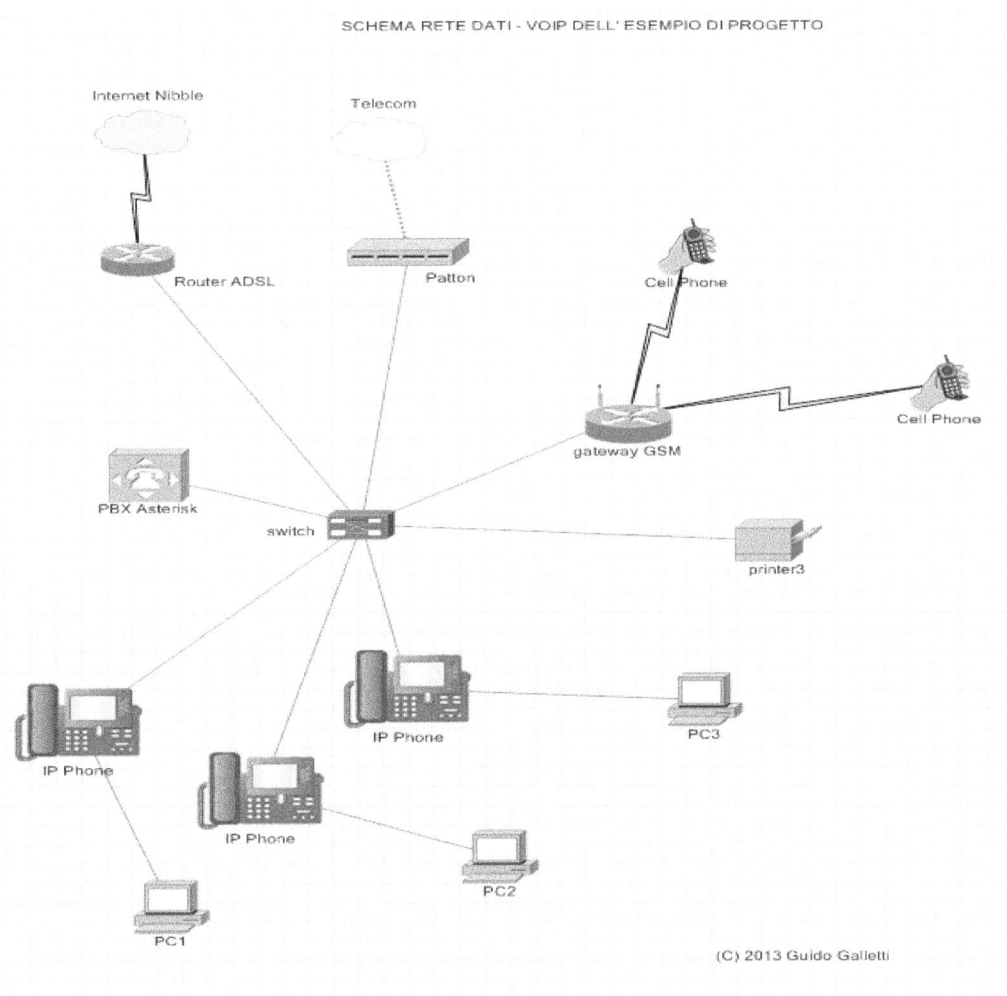

seguente:

Se osserviamo bene lo schema ci sono:

- 1 centralino Asterisk
- 1 PATTON SN 4112
- 1 gateway 2N Voice Blue
- 3 telefoni snom serie 300

La scelta degli SNOM è dettata dalla grande affidabilità e dal firmware molto personalizzabile. Andiamo adesso a configurare il gateway 2N.

Capitolo 5

Configurazione base del 2N VoiceBlue:

Questa sezione aiuterà a mettere in funzione per la prima volta il vostro 2N VoiceBlue configurato come gateway GSM. Fare riferimento anche alle figure a corredo nel manuale messe a disposizione dalla casa produttrice. Prima del primo avvio inserire le due SIM con la richiesta del PIN disabilitata poi collegare l'antenna e la vostra rete tramite la sua porta ethernet, dopo di che date alimentazione. Se non seguite questo iter esattamente come l'ho descritto il sistema non si inizializza in modo corretto e si rischia di far fuori la sezione RF del gatwey se lo alimentate senza antenna. Se l'indirizzo IP del gateway predefinito non è adatto per la classe della vostra rete, reimpostatelo, la cosa migliore comunque è avere un server DHCP e farsi assegnare un indirizzo, poi metterne uno fisso all'occorrenza.

Inserite il nuovo indirizzo IP del gateway GSM, modificate l'ora corrente e la data dal menu Data/Ora. Dimenticavo: assicurarsi che la licenza sia stata sbloccata pena il non utilizzo. Nel caso contattare il vostro venditore per ottenere la chiave .

Facciamo un passo indietro. Nel centralino è presente un file che si chiama "sip.conf". In questo file dovremmo aver previsto un contesto per il 2N VoiceBlue. Andate a vedere questo file. I parametri che sono stati messi, li dovremmo inserire dentro la configurazione adesso.

Osservate attentamente le figure che ho messo a disposizione, se lo farete, di qui a qualche minuto il vostro centralino sarà in grado di ricevere ed effettuare chiamate tramite GSM. Ovviamente le peculiarità di questa periferica sono molto sofisticate, nel manuale a corredo si potrà ad esempio vedere che sono molte le cose che riesce a fare compreso il trasferimento di chiamata in automatico a seconda dell'interno che viene chiamato. Tutto questo però esula dalla trattazione del mio libro e sarà oggetto di un altro manuale.

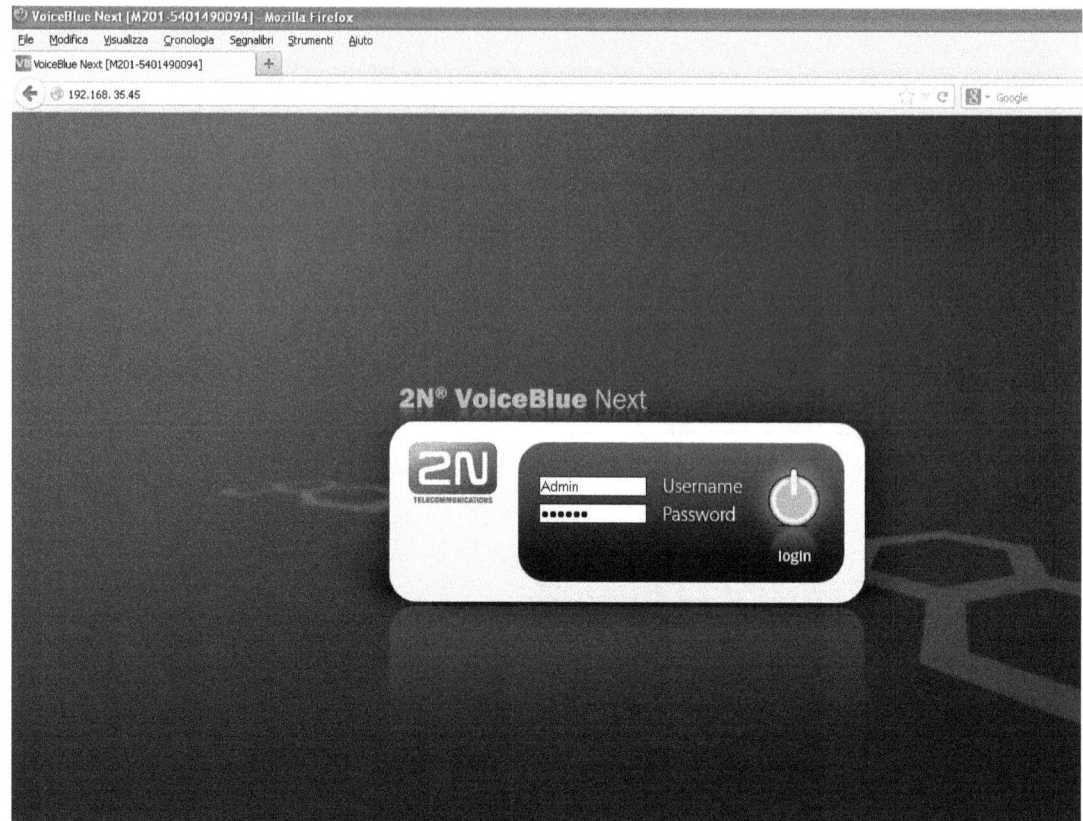

Apriamo il nostro browser e digitiamo l'indirizzo del 2N:

Inseriamo i dati di account di default che sono:

user: **Admin**

pswd: **2n**

Consiglio di cambiarli ma di non dimenticarseli! La videata successiva è quella che ci consente di operare in due modi all'interno del server. Inserire le configurazioni necessarie al suo utilizzo o, nel caso questa fase fosse già stata effettuata, digitando sul menu in alto a destra l'icona SMS, utilizzare la funzione preposta di cui parleremo più avanti. Ora dobbiamo mettere nel gateway i dati che Asterisk si aspetta, che sono:

contensto

ip asterisk

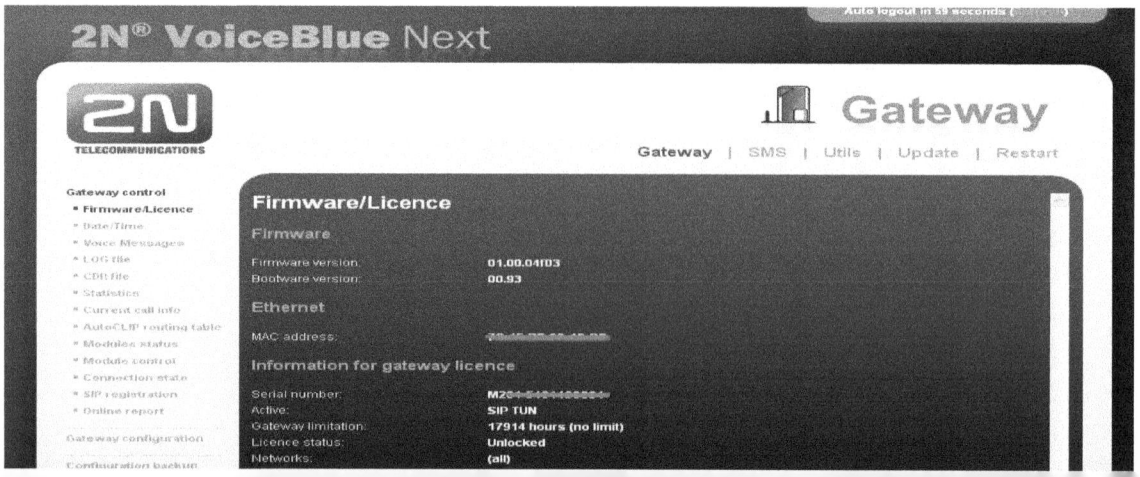

Digitiamo quindi con il tasto SX del mouse sopra a Gateway del menu in alto a destra:

Ottenendo questa videata:

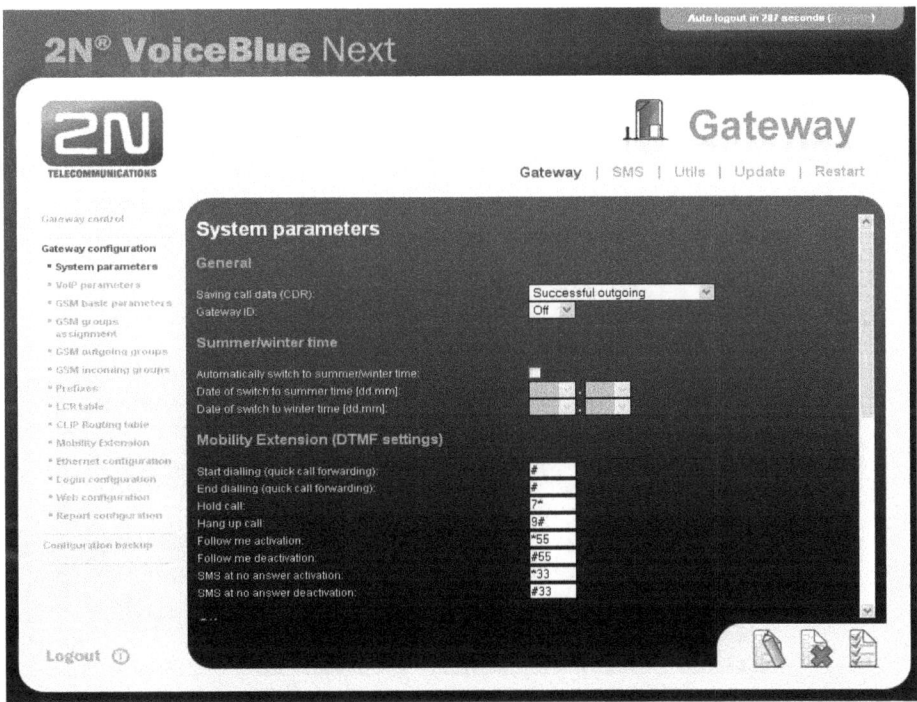

Qui, osservando il menu di SX scegliamo la voce "Voip preferences"

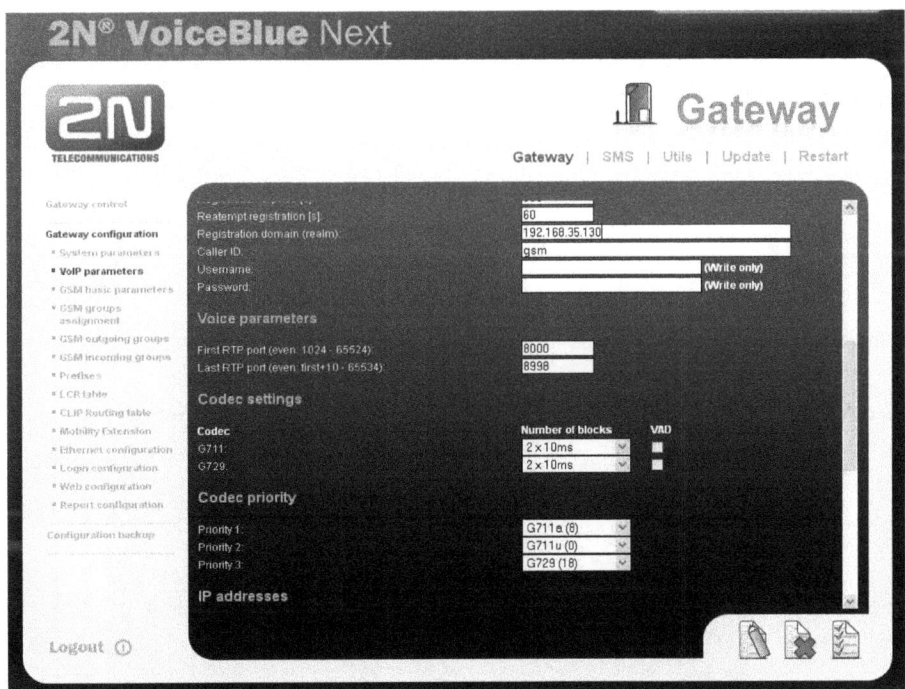

Mettiamo, come anticipato sopra, l'indirizzo di Asterisk, la porta 5060 di comunicazione facendo attenzione ad inserire tutti i dati sia sulla partte alta che su quella bassa del nuovo menu che si muove con un cursore verticale posto sulla destra. Al termine non dobbiamo dimenticarci di salvare i dati inseriti cliccando sull'icona in basso a destra.

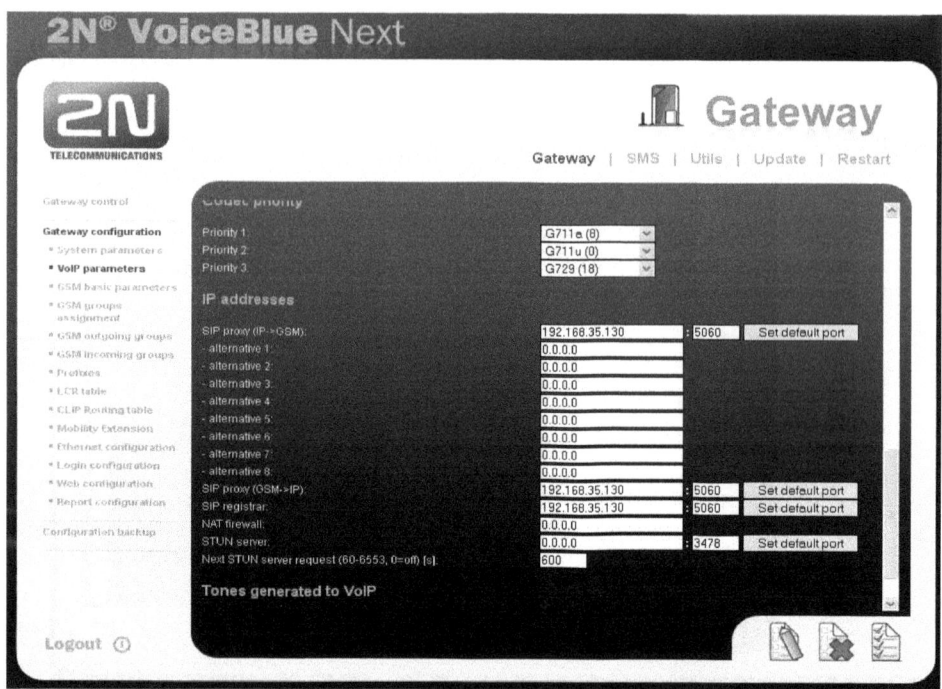

Se volessimo assegnare al nostro 2N un indrizzo fisso lo inseriremmo in questa videata, avendo sempre cura di salvare le variazioni introdotte.

A questo punto se apriamo di nuovo una sessione PUTTY ed entriamo nella CLI del centralino vedremo il nostro nuovo TRUNK registrato. Saremo, di qui in avanti, in grado sia di chiamare

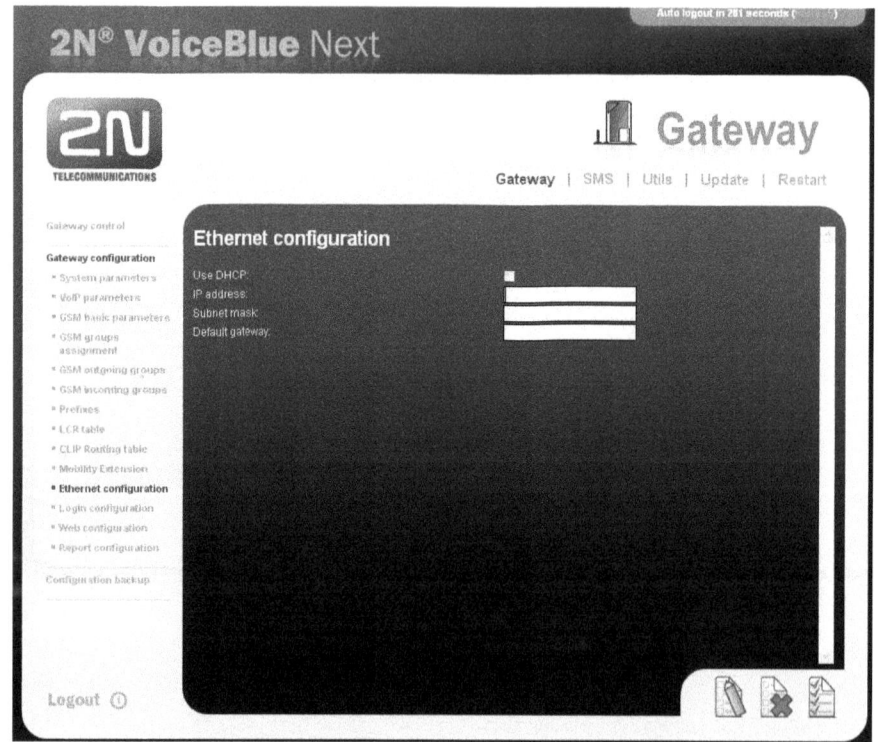

utilizzando la o le SIM che avremo inserito sia di ricevere chiamate.

Prima di fare logout possiamo vedere come si inviano gli SMS. Dal menu in alto a

destra si clicca sull'icona SMS ottenendo questa videata:

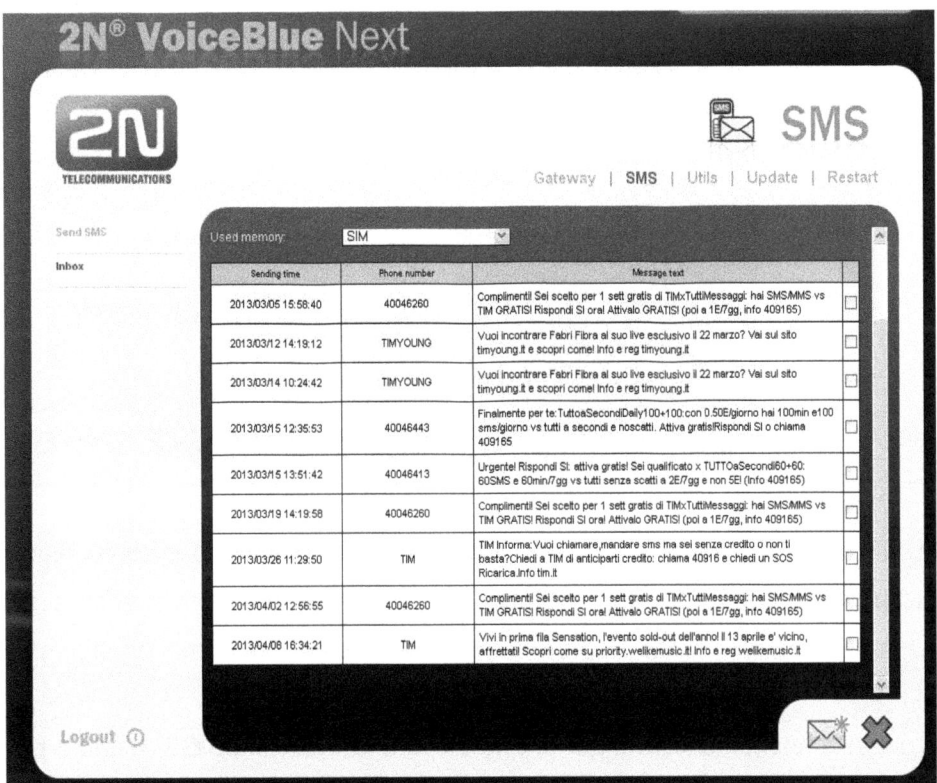

cliccando su INBOX del menu di sinistra e successivamente sulla icona a forma di busta in basso a destra si ottiena di vedere la lista degli sms ricevuti. Ora proviamo ad inviarne uno. Ci portiamo sul menu seguente a seguito della pressione del tasto Send SMS del menu di sinistra:

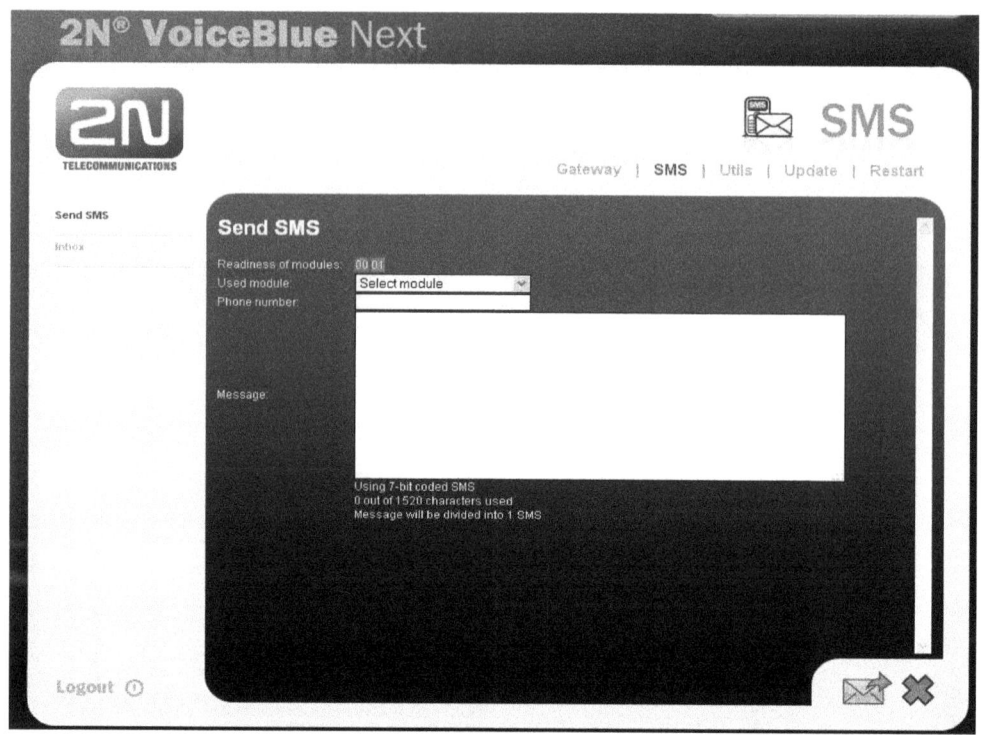

Scegliamo la SIM tra le 2 presenti, inseriamo il numero del destinatario e componiamo il messagio dopo di che cliccando sempre sulla icona a forma di busta in basso a destra si effettuerà l'invio. Logout e saremo fuori dall'interfaccia web. Vedremo nel prossimo capito come configurare a puntino il PATTON SN 4112.

Siamo a buon punto, il nostro centralino per ora ha attive una o due linee GSM, una o più linee VoIP, il tutto sia in entrata che in uscita.

Capitolo 6

Configurare il PATTON SN 4112 JO-EU

In questo capitolo non si descriverà in modo approfondito le funzionalità di un PATTON serie SmartNode 4112 JOE. Cercheremo di far arrivare più informazioni possibili al lettore in modo da poterlo mettere in condizione di capire come usare questa sofisticata apparecchiatura. Occorre comunque andare a studiare il manuale scaricabile sia dal sito :

www.patton.com

Che descrive in modo dettagliatissimo tutto quello che serve. In una rete telefonica come quella descritta in questo progetto la funzione del PATTON é di fondamentale importanza ed occorre che la sua programmazione sia effettuata con cura pena un solenne insuccesso. Più avanti vi alleghero' una configurazione debitamente commentata.

La serie SN4110 è la scelta perfetta per la connettività dei phone-to-IP. Questi device possono supportare fino a 8 porte FXS (il lettore deve conoscere la differenza tra FXS e FXO) o una combinazione di 4 FXS e 2 o 4 porte FXO. Con le sue porte FXS analogiche l' SN4112 può essere collegato a qualsiasi telefono o fax, o PBX legacy e fornire un segnale di linea, chiamata, ID chiamante e altri servizi. Se dotato invece di porte FXO come nel nostro caso, attraverso la PSTN del carrier locale ci sarà consentito effettuare chiamate verso le reti telefoniche pubbliche. Integrazione molto spinta, chiamata flessibile, permessi configurabili per singola porta, numeri di telefono programmabili, toni di andamento chiamata e suoneria differenziata, tutte queste sono alcune delle peculiarità che possiamo sfruttare. Con Telephony-over-IP (ToIP) commutazione di chiamata, le chiamate possono essere instradate automaticamente alla rete PSTN o la rete IP, fornendo flessibili piani di numerazione e end-to-end in modo del tutto trasparente. Il PATTON SN4112 supporta PPPoE, DHCP e VLAN e garantisce una connettività universale IP e opzionali sono anche IPSEC VPN con AES/3DES. Utilizzando questi device abbiamo la garanzia che la nostra voce viaggerà sicura sulla rete pubblica. Il PATTON SmartNode 4112 JOE fornisce 2 interfacce legacy telefoniche PSTN che consentiranno un servizio flessibile di integrazione tra PSTN per la voce ed i pacchetti dati nello standard SIP. Vediamo adesso un semplice schema che al corso di certificazione PATTON propongono come la BIBBIA. Se riesco a farvi capire questo schema la comprensione della programmazione dei PATTON si semplifica di molto anche se resterà comunque difficile.

Eccolo:

CONCETTI FONDAMENTALI:

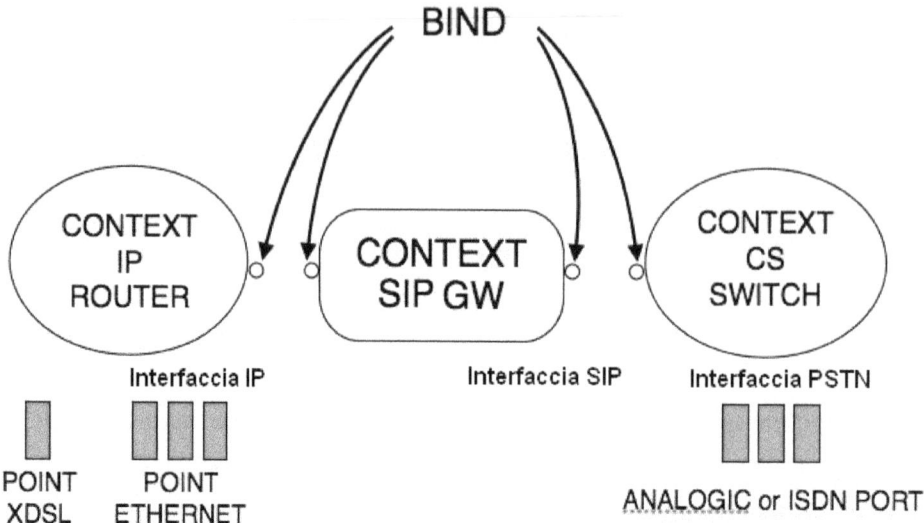

sostanzialmente un PATTON serie SmartNode come il nostro SN 4112 JOE può essere concepito come composto da 3 macro contesti:

- CONTEXT IP ROUTER
- CONTEXT SIP GW
- CONTEXT CS SWITCH

Entrando più nel dettaglio:

1. Context IP
   - Interface IP
   - IP-Routing
2. Data Port
   - WAN Port
   - LAN Port
3. Context SIP Gateway
   - SIP Gateway
4. Contestx CS
   - ISDN/FXO/FXS interface
   - Call-service
   - Number-manipolation Table
   - Call-routing Table
5. PSTN Port

- ISDN/FXS/FXO Port

Per far transitare i pacchetti da una parte all'altra del PATTON occore "Bindare" cioè associare i vari contesti seguendo una deteminata logica.

Ora facciamo un passo indietro e vediamo come si "entra" nel cuore del device.

Ci sono 3 modi per accedere al software per poterlo modificare a nostro uso e consumo.

- tramite la porta RS 232 presente sul frontale del PATTON
- con una sessione di telnet tramite la porta IP posta sul retro
- con il browser tramite la porta IP

L'accesso tramite la porta RS 232 al giorno d'oggi non è poi così scontato visto e considerato che ormai i pc sono privi dell'interfaccia 232 essendo quest'ultima stata sostituta dalla USB. Per fortuna la tecnologia ci è venuta incontro e sul mercato si trova per pochi euro un adattatore RS232-USB. Questo tipo di accesso viene utilizzato se non abbiamo effettuato la configuraione con DHCP e non si conosce l'indirizzo IP del PATTON. Utilizzando il programmino Hiperterminal di Windows XP possiamo risolvere il problema. L'accesso consueto resta comunque quello utilizzando PUTTY con una sessione telnet sulla porta 23.

Di default la coppia di credenziali per l'accesso sono:

user: administrator

pss: >vuoto<

Eccoci dentro l'hardware!

Ci sono vari livelli di accesso, o meglio ci sono delle restrizioni all'accesso. Inizialmente si è loggati come operatori il che vuol dire che non sono possibili interazioni: si può navigare il file in sola lettura. Per poter modificare le impostazioni occorre diventare Amministratori. Tutto quello che sto scrivendo lo si trova sia su Internet che sul manuale allegato alla confezione del PATTON. Per questo motivo non mi dilungo oltre e passo a mostrarvi sommariamente l'immagine dell'accesso via web:

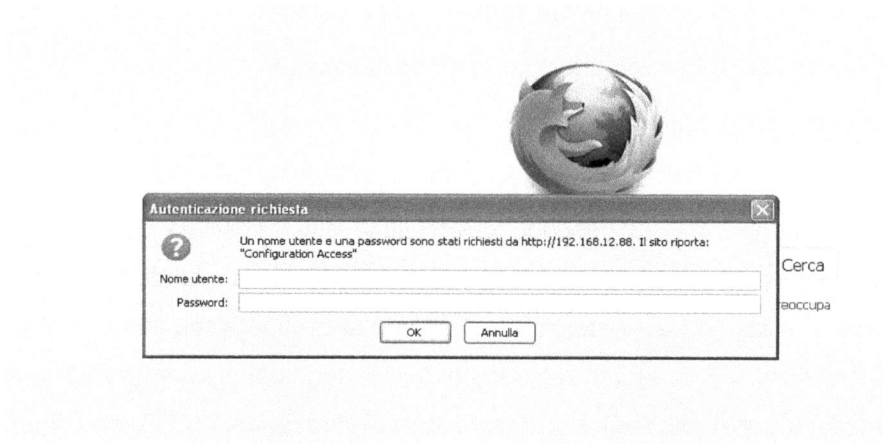

si immette le giuste cresenziali e si deve ottenere questa videata:

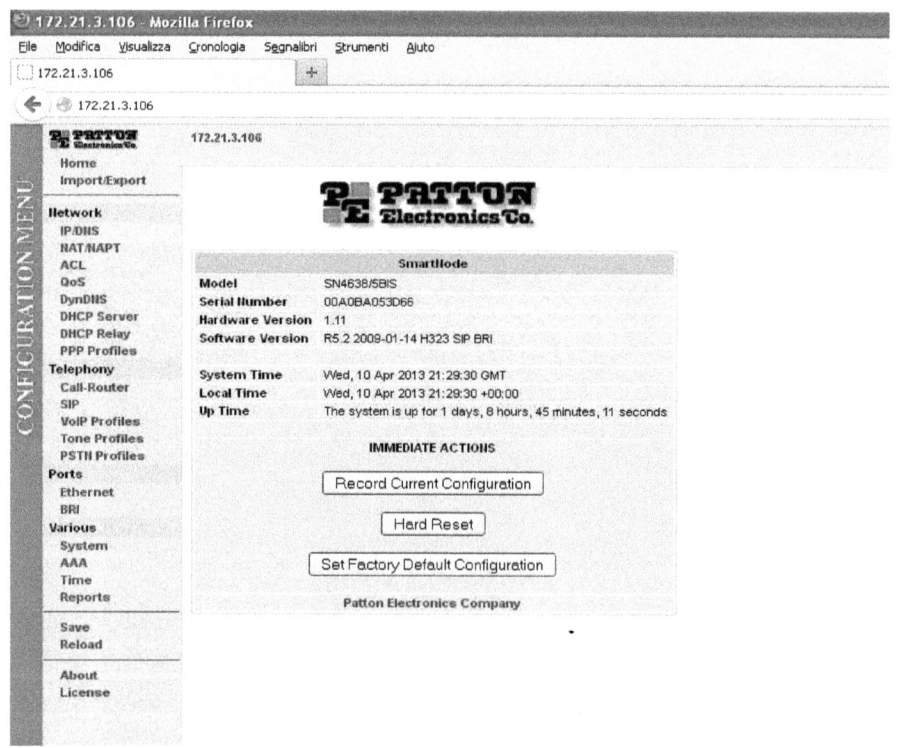

Questa sotto invece è la sezione per l'export del file di configurazione:

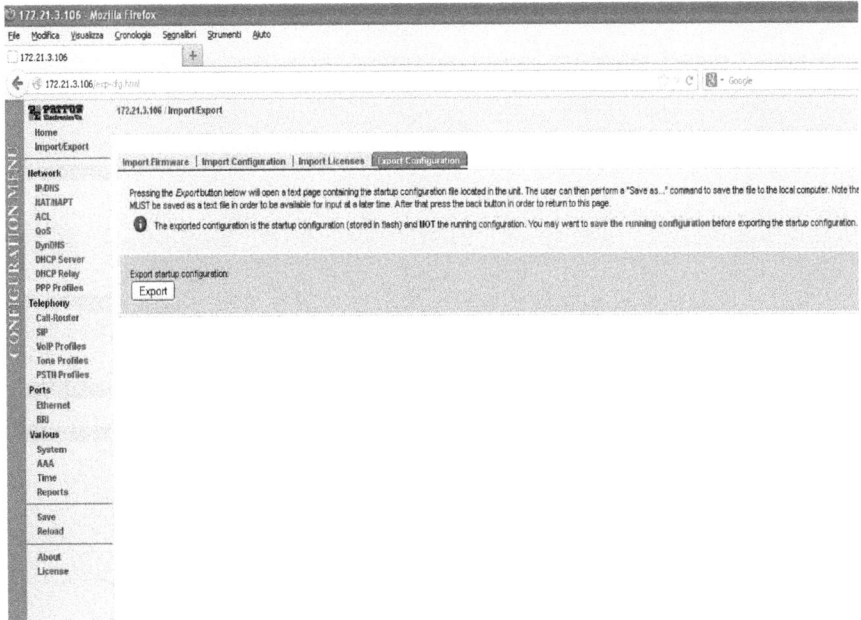

Consiglio una volta programmato il PATTON di fare un salvataggio della configurazione che poi andrà in produzione, dietro al device è presente un tasto di reset, se per errore lo premiamo per almeno 2 secondi riportiamo il PATTON allo stato di fabbrica e questo a volte può essere molto sgradevole...

Vediamo adesso il listato finale del file di configurazione :

```
#---------------------------------------------------------------#
#
# SN4112/JO/EUI                                                  #
# R5.2 2009-01-14 H323 SIP FXS FXO                               #
# 1970-02-01T21:16:00                                            #
# SN/00A0BA0570F1                                                #
# Generated configuration file                                   #
#
#---------------------------------------------------------------#

cli version 3.20
administrator admin password D4DyUFJOD/sis78x9lYP2Q== encrypted
webserver port 80 language en
sntp-client
sntp-client server primary 129.132.2.21 port 123 version 4

system

  ic voice 0
    low-bitrate-codec g729

profile ppp default

profile call-progress-tone IT_Dialtone
  play 1 200 425 -12
  pause 2 200
  play 3 600 425 -12
  pause 4 1000
  play 5 200 425 -12
  pause 6 200
  play 7 600 425 -12
```

```
    pause 8 1000
    play 9 200 425 -12
    pause 10 200

  profile call-progress-tone IT_Alertingtone
    play 1 1000 425 -12
    pause 2 500
    play 3 1000 425 -12
    pause 4 4000
    play 5 500 425 -12
    pause 6 500

  profile call-progress-tone IT_Busytone
    play 1 500 425 -12
    pause 2 500
    play 3 500 425 -12
    pause 4 500
    play 5 500 425 -12
    pause 6 500

  profile call-progress-tone IT_Congestion
    play 1 200 425 -12
    pause 2 200
    play 3 200 425 -12

  profile tone-set default
    map call-progress-tone congestion-tone IT_Congestion

  profile tone-set IT
    map call-progress-tone dial-tone IT_Dialtone
    map call-progress-tone ringback-tone IT_Alertingtone
    map call-progress-tone busy-tone IT_Congestion
    map call-progress-tone release-tone IT_Busytone
    map call-progress-tone congestion-tone IT_Busytone

  profile voip default
    codec 1 g711alaw64k rx-length 20 tx-length 20
    codec 2 g711ulaw64k rx-length 20 tx-length 20
    fax transmission 1 relay t38-udp
    fax redundancy low-speed 2 high-speed 2

  profile pstn default

  profile sip default

  profile aaa default
    method 1 local
    method 2 none

  context ip router

    interface eth0
      ipaddress 192.168.12.88 255.255.255.0
      tcp adjust-mss rx mtu
      tcp adjust-mss tx mtu

  context cs switch
    national-prefix 0
    international-prefix 00

    routing-table called-e164 RT_IN_FXO0
```

```
      route default dest-interface IF_ASTERISK MP_DID0

    routing-table called-e164 RT_IN_FXO1
      route default dest-interface IF_ASTERISK MP_DID1

    mapping-table called-e164 to called-e164 MP_DID0
      map default to 05751783044

    mapping-table called-e164 to called-e164 MP_DID1
      map default to 05751783044

    interface sip IF_ASTERISK
      bind context sip-gateway GW_ASTERISK
      route call dest-service SER_HG_FXO
      remote 192.168.12.130
      early-disconnect

    interface fxo IF_FXO0
      route call dest-table RT_IN_FXO0
      disconnect-signal loop-break
      disconnect-signal busy-tone
      dial-after timeout 2
      use profile tone-set IT

    interface fxo IF_FXO1
      route call dest-table RT_IN_FXO1
      disconnect-signal loop-break
      disconnect-signal busy-tone
      ring-number on-caller-id
      dial-after timeout 2
      use profile tone-set IT

    service hunt-group SER_HG_FXO
      drop-cause normal-unspecified
      drop-cause no-circuit-channel-available
      drop-cause network-out-of-order
      drop-cause temporary-failure
      drop-cause switching-equipment-congestion
      drop-cause access-info-discarded
      drop-cause circuit-channel-not-available
      drop-cause resources-unavailable
      drop-cause destination-out-of-order
      drop-cause user-busy
      unavailable drop normal-unspecified
      route call 1 dest-interface IF_FXO1
      route call 2 dest-interface IF_FXO0

context cs switch
  no shutdown

authentication-service AUTH_SVC
  username PATTON password nkju0Yhi9vY= encrypted

location-service LS_PATTON
  domain 1 192.168.12.130

  identity PATTON

    authentication outbound
      authenticate 1 authentication-service AUTH_SVC username PATTON
```

```
      registration outbound
        registrar 192.168.12.130
        register auto

context sip-gateway GW_ASTERISK

  interface IF_ASTERISK
    bind interface eth0 context router port 5060

context sip-gateway GW_ASTERISK
  bind location-service LS_PATTON
  no shutdown

port ethernet 0 0
  medium auto
  encapsulation ip
  bind interface eth0 router
  no shutdown

port fxo 0 0
  encapsulation cc-fxo
  bind interface IF_FXO0 switch
  no shutdown

port fxo 0 1
  encapsulation cc-fxo
  bind interface IF_FXO1 switch
  no shutdown

#-------------------------------------------------------------#
```

Adesso invito il lettore ad andare alla pagina dove ho descritto lo schema di funzionamento del PATTON (pag.60) e contestualmente di analizzare questo listato. Dopo la dichiarazione dei vari parametri inerenti le caratteristiche delle reti telefoniche italiane, dove sono dichiarati i toni, le pause ed il tipo di codec, comincia la parte soggetta a personalizzazione. Si deve assegnare al nostro gateway un indirizzo della nostra rete completo di netmask. Di default è configurato con DHCP per consentirci l'accesso. Per scoprire quale IP è stato assegnato dal server basta lanciare un qualunque programma che scandaglia la rete. Poi si definiscono le routing-table e le relative mapping-table. Non entro nei dettagli e invito il lettore a prenotarsi un corso PATTON alla ALL-NET di Bologna. Si inserisce l'IP di Asterisk in modo che la registrazione avvenga. Per questa cosa si deve anche dichiarare quale sia il nome assegnato al PATTON che deve corrispondere con quello dichiarato nel file SIP.CONF che abbiamo visto nel capitolo 2 nel nostro caso "patton". Leggendo attentamente il listato sopra troverete il comando BIND nei vari contesti, come ho spiegato e come si evince anche dallo schemino ad inizio capitolo. Senza questa direttiva esplicitamente dichiarata il sistema non funziona perché le informazioni non passano i vari contesti.

Vediamo di ricapitolare quello che abbiamo fatto.

- Abbiamo installato in una CF da almeno 4GB la versione 0.85 di voyage o le successive ma nel qual caso abbiamo dovuto poi installare Asterisk.

- Abbiamo configurato i telefoni snom 300

- Abbiamo configurato il gateway 2N VoiceBlue

- Abbiamo configurato il PATTON sn 4112 JO

Possiamo cominciare ad usare il nostro sistema.

IL LAVORO TERMINA QUI, BUON DIVERTIMENTO CON IL VOSTRO NUOVO SISTEMA VOIP OPEN SOURCE

UN SALUTO DA GU-STE-WA

NOTE:

Best Asterisk PHOne METhod é un manuale tecnico dove si descrive nei dettagli come si mette in piedi un sofisticato impianto telefonico VoIP su piattaforma Asterisk con trunk di tipo PSTN, GSM e VoIP. Attraverso le descrizioni e le varie immagini si illustrano in modo semplice ed accessibile a tutti le tecniche di programmazione e configurazione del centralino Asterisk e dei vari gateway . Tutto il lavoro di configurazione , contrariamente alla tendenza attuale si realizzerà inserendo i dati nel server attraverso un accesso di tipo SSH, a riga di comando e non tramite interfaccia web. Potrebbe sembrare un controsenso ma possiamo assicurare, senza tema di smentita che l'approccio diretto con la macchina linux si effettua solo in questo modo. BAPHOMET mette il lettore in grado di realizzare un impianto telefonico realmente funzionante. La diffusione delle tecniche informatiche che possano migliorare la vita delle persone e contemporaneamente aumentare lo skill di giovani tecnici in erba, magari in cerca del primo lavoro è una delle finalità del libro. Invito chiunque a divulgare le prorpie conoscenze ed a metterle in rete.

BAPHOMET era una divinità adorata dai Templari. L'acronimo per il mio libro è scaturito dalla mia fantasia!

www.ingramcontent.com/pod-product-compliance
Ingram Content Group UK Ltd.
Pitfield, Milton Keynes, MK11 3LW, UK
UKHW060050240426
12048UKWH00019B/1415